自驱型孩子，学习更高效

让孩子爱学习的
方法宝典和沟通话术

微笑爸爸 ◎ 著

北京联合出版公司
Beijing United Publishing Co.,Ltd.

图书在版编目（CIP）数据

自驱型孩子，学习更高效：让孩子爱学习的方法宝典和沟通话术 / 微笑爸爸著. — 北京：北京联合出版公司，2024.6

ISBN 978-7-5596-7435-7

Ⅰ.①自… Ⅱ.①微… Ⅲ.①亲子关系－家庭教育 Ⅳ.①G78

中国国家版本馆CIP数据核字（2024）第074979号

自驱型孩子，学习更高效：让孩子爱学习的方法宝典和沟通话术

作　　者：微笑爸爸
出 品 人：赵红仕
责任编辑：徐　鹏

北京联合出版公司出版
（北京市西城区德外大街 83 号楼 9 层　100088）
河北鹏润印刷有限公司印刷　新华书店经销
字数 221 千字　700 毫米 ×980 毫米　1/16　印张 16
2024 年 6 月第 1 版　2024 年 6 月第 1 次印刷
ISBN 978-7-5596-7435-7
定价：59.80 元

序 言

为什么孩子不爱学习？

其实，你本来就是学霸的家长，你只是没把这两件事做好：**如何说、怎么做**。

真的吗？是的！

因为，每个孩子都是天生的学习者！从走路说话、吃饭穿衣，样样都是自己学来的，他们对新发现的东西往往会不自觉地琢磨。但为什么一到学习上就不行了呢？那是因为，我们家长在学习上，都把"**如何说、怎么做**"这两件事做反了……

首先，在亲子沟通上，大部分家长都口是心非！比如，我们希望孩子快点写作业，嘴里说出来的却是：你怎么这么磨蹭！我们希望孩子聪明过人，嘴里说出来的却是：你怎么这么笨！

其次，在学习方法上，我们家长也没有给孩子有意义的指导，因为我们不知道什么样的学习方法管用。很多家长不知道"开窍"就是一瞬间的事，以为只要花大量时间就能学习好，觉得孩子学两个小时比学一个小时好，学一下午就比学两小时强……

正因为我们不会说、不会做，导致孩子学习的天性被压制，甚至开始厌学。你也因为孩子的学习整天焦虑、生气，对孩子大喊大叫，让自己苦不堪言……

到底如何让孩子**爱学习、会学习、能学习**呢？

"爱学习"指孩子的**学习态度**，"会学习"指**学习行为**，"能学习"指**学习能力**。

这本书就是帮你解决这三大难题的，我在每一个具体问题上，加入了一个相关的学习方法和高效沟通的父母话术，教你把孩子的学习问题**想清楚、说明白、做正确**！

只要你按照本书的方法和话术坚持做，我们就有可能调整孩子的学习态度，引导孩子的学习行为，提升孩子的学习能力。

所以，请相信：你，就是学霸的家长！

微笑爸爸

2023.2.8

目录

1 如何让孩子爱学习？
——调整学习态度

2 如何让孩子会学习？
——引导学习行为

3

如何让孩子能学习？
——提升学习能力

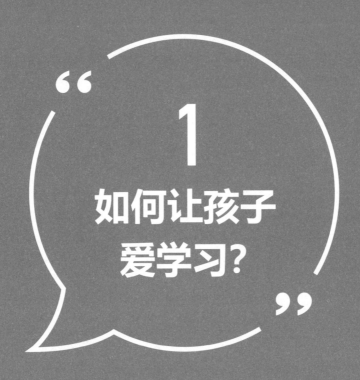

1

如何让孩子
爱学习?

——调整学习态度

1.1
如何调整孩子的学习态度？

态度决定一切。如果没有学习态度，孩子是不可能学习好的。孩子的学习态度影响了学习行为，学习行为自然就会影响学习结果。

但是，我们很多家长对"学习态度"这四个字是有误解的。

有个妈妈就这样跟我说："我家这男孩，都上三年级了，平时学习还是磨磨蹭蹭的，偶尔做得比较顺，有劲头了，就学得很开心，愿意去做。但这种时候很少，大部分时候都是蔫蔫的。这孩子，就是学习态度有问题！本来好好学他就能学好的，可是就不好好学！"

我就跟这位妈妈说："男孩本身心智成熟就晚一些，可能不是他学习态度不端正，而是需要我们给他更多理解、引导和时间。"

咱们怎么才能判断出孩子学习出问题是不是态度不端正导致的呢？

我在这儿为你准备了一个小测验，你给孩子对照一下，等对照完，孩子学习态度怎么样差不多就有答案了。

1.孩子觉得学习就是一件苦差事。

总是（1分） 经常（2分） 偶尔（3分） 从不（4分）

2. 孩子很少预习，也就上课听听课。

总是（1分） 经常（2分） 偶尔（3分） 从不（4分）

3. 孩子根本不在乎学习成绩和分数。

总是（1分） 经常（2分） 偶尔（3分） 从不（4分）

4. 孩子总喜欢和别人讨论学习上的问题。

总是（4分） 经常（3分） 偶尔（2分） 从不（1分）

5. 孩子偶尔一次考不好，不会气馁，心想着总会赶上。

总是（4分） 经常（3分） 偶尔（2分） 从不（1分）

6. 孩子总是当天的功课当天完成，从不拖拉。

总是（4分） 经常（3分） 偶尔（2分） 从不（1分）

7. 孩子遇到学习问题，非要弄个水落石出不可。

总是（4分） 经常（3分） 偶尔（2分） 从不（1分）

8. 孩子每天课后写完作业，就觉得踏实了。

总是（4分） 经常（3分） 偶尔（2分） 从不（1分）

上面的这八个问题都指向了——**孩子学习是否有主动性**！

你在对应的选项打钩，再算一下总得分。如果你家孩子得了20分，说明学习主动性中等；20分越往上，说明学习主动性越高；20分越往下，说明学习主动性越低。

如果孩子没有学习的主动性，态度不端正，他会怎么样呢？

孩子在学习上会越来越懒散、找借口、不自信、成绩越来越差……

相反，如果孩子有学习的主动性、态度端正，他就能自主、自律地学习，合理安排时间，明确学习目标……

其实，**"孩子是天生的学习者！"**（请一定要记住这句话。）从走路说话，到吃饭穿衣……样样都是学来的，生活和成长本身就是一个不断学习的过程。

孩子的学习态度不好，很多时候都是因为我们批评、指责得太多了。

我们家长平时会经常说：

你这是什么学习态度，赶快学习，听到没有！

你学习从来都不努力，就是不用脑子。

你太马虎了，考这么一点分，以后别学了。

…………

孩子的感受是：

你说得对，我就是笨，学习不用脑子。

妈妈，我恨你，你为什么要这么说我？

我就是个笨蛋，再也不想学了。

…………

看出来了吗？我们家长的语言成了孩子学习态度的最大障碍。怎么清除这个障碍，调整孩子的学习态度呢？

非常简单，我们可以用**"心锚法"**。

举个例子，有个妈妈来咨询我，说她家孩子特别怕狗，一见到狗就大哭。经过交谈才了解到，这位妈妈也怕狗，小时候一看见狗靠近孩子，就赶紧把孩子抱开……

可想而知，孩子以后见到狗会是怎样的反应了。他会认为狗是危险的，要离狗远远的。

人有一种生存本能：对如何处理不喜欢的、觉得危险的事，学习得特别快，一次就记住了。

所以，一件事如果跟一种强烈的负面情绪建立了连接，这件事就让孩子觉得讨厌、抗拒，甚至恐怖。反过来，如果一件事跟孩子开心的情绪建立了连接，孩子看到这件事，就会有喜悦的情绪！

心理学上把事件和情绪建立连接、通过事件来唤醒情绪的方法，叫作**"心锚法"**。

我们可以通过心锚法让孩子改变学习态度，让孩子有想学、要学的力量。

帮孩子建立心锚一般有两种方法：

第一，触景生情。我们可以让孩子把学习和好的情绪建立连接。

比如，孩子某天学习很投入，你就可以走过去，轻轻说："孩子，你今天学习很用心，做完作业，妈妈削水果给你吃。"说完你就走出房间。孩子体会到了什么？他体会到的是你那种轻松的心境和对他温暖的爱。

孩子每次在桌前学习，你都可以给他这种感受。以后，孩子往书桌前一坐，这种好的心境就来了，孩子就会觉得坐在这儿很轻松、很温暖，这种温暖感就会给孩子带来无形的学习力量。

第二，成功体验。就是在孩子经过努力，克服了困难，终于取得成功的那一刻，我们及时给他的成功体验设定心锚。

我女儿小时候口算题总是做不好，10道题都要做半个多小时，还总出错。后来，通过一段时间的练习，她做题的速度、准确率都比以前提高了，分数和名次也都上来了，我就握住右拳说："练习，就是有用！"慢慢地，在进步和鼓励当中，她的数学成绩也上来了。

所以，要想让孩子改变学习态度，我们一定要在平时，在孩子付出各种努力并得到进步、获得成功的时候，把他的这种勇气和力量给锚定住。当他以后再碰到学习上的困难，就可以调动这种成功的体验，体会到力量感，就有信心去挑战学习任务了。

再跟你说一个小秘密：孩子每次学习、写作业的**前五分钟**，非常非常重要！

为什么呢？因为，孩子学习、写作业前五分钟的状态、情绪、心情，直接决定这次学习、写作业的**质量高低**！

这就好比你刚进到厨房准备做午饭，可是这时候你的另一半进来就把你训了一顿，你立马心情全无……可想而知，这顿饭菜也一定没味儿了。

所以，不管什么年龄段的孩子，在学习、写作业前，一定要保证孩子情绪稳定，不要训斥和指责他，尽量让孩子平静、愉快地开始学习。我们要保证孩子在学习前的五分钟里，是专注的。

我们不要说："赶快学习，这么多作业什么时候写完？"可以换一种说法："孩子，我们要集中注意力，开始学习了。"

在亲子沟通中，我们家长用什么样的语言才能调整孩子的学习态度呢？

无论多大年龄的孩子，家长都要善于**肯定和鼓励**。

家长辅导孩子学习的时候，可以说下面的话：

你很厉害！能告诉我你是怎么学会这些知识的吗？（加强孩子的学习意志）

让我好好想一想，再回答这个问题好吗？（教孩子学会思考）

任何事总有第一次，不试试怎么知道结果呢？（给孩子勇于挑战的信心）

没关系，失败了才能吸取教训，总结经验！（以肯定的形式让孩子有责任心）

每个孩子都是天才，帮低龄段的孩子学习，最好的办法就是保护好孩子的好奇心，再去尊重和鼓励他积极探索的热情，让孩子觉得学习好玩。

不要说："你一学习就难受，玩的时候怎么不难受？"

我们要理解孩子的感受，可以这样说："孩子，是不是数学这门课你不擅长，觉得有点难啊？"

帮孩子说出内心的感受，梳理他的情绪，让孩子知道，你不是关注他学习上的不足，而是关注他内心的感受，给孩子学习的安全感。

不要说："你学不好就考不好，考不好就上不了好大学。"

家长可以这样说："考试是为了了解你对知识掌握的程度，不会的咱们慢慢学就是了。"这就让孩子愿意深层地了解自己、了解学习的意义。

打折扣的"鼓励"话也尽量不要说："你努力就有收获，现在你知道失败的原因了吧！"或是你在鼓励之后加了让孩子泄气的话："你语文学得真好，要是数学也这样就好了。"这些话好像给孩子鼓励了，但最后又收回来了，他一下子就泄气了。

请想一想，你有没有说过"因为……所以……"这样的句子？比如："因为你贪玩手机，所以你学习不好。""因为……所以……"的句式，是定性的句子，就是你把原因说得很确定了，没法改变，"所以"后面那一句就是一个必然结果。这么说，就是在给孩子贴负面标签。

现在跟你说个**能给孩子动力的句子**，这个句子适合很多年龄段的孩子。

我们把"**因为**"换成"**虽然**"，把"**所以**"换成"**但是**"，后面再加个"**因为**"，加的这个"**因为**"，就是给孩子方法。

比如，"因为你学的科目太多了，所以才跟不上"这句话，可以这么说："虽然你学的科目多，但是你可以跟上，因为我们可以每天用半小时的时间复习一下，这样就能进步啦。"

这句话的意思是，因为可以多复习，所以能跟上，这就改变原来句子的因果关系了。

或者说："虽然你学的科目多，但是你能跟上，因为你每天可以多做五次练习。"意思是，因为你可以多练习，所以你能跟上。

还可以说："虽然你的学习任务多了，但是你可以跟上。因为你可以用很多办法，咱们安排好时间，课前预习，当天复习，坚持两个月就有感觉了。"

这就打破了原来的"因为……所以……"的负面关系，把原来没法改变的意思，变成了孩子能跟上的积极含义。这样孩子就有办法去改变，就能获得学习的力量。

好了，关于调查孩子的学习态度这一节，我们来总结一下。

小 结

1. 方法

心锚法

①触景生情。

②成功体验。

③孩子学习的前五分钟，情绪很重要。

2. 话术

父母话术 1.1	
错误的话术 ×	**正确的话术 √**
你语文学得真好，要是数学也这样就好了。	孩子，你语文考 90 分，这证明你有语文天赋啊！
你一学习就难受，玩的时候怎么不难受？	孩子，是不是数学这门课你不擅长，觉得有点难啊？
你这是什么学习态度，赶快学习，听到没有！	你很厉害！能告诉我你是怎么学会这些知识的吗？
你学不好就考不好，考不好就上不了好大学。	考试是为了了解你对知识掌握的程度，不会的咱们慢慢学就是了。
我怎么生了你这样的孩子，无语了。	你可以做得很好的，当你的爸爸 / 妈妈，我为你骄傲！
赶快学习，这么多作业什么时候写完？	孩子，我们要集中注意力，开始学习了。
因为你贪玩手机，所以你学习不好。	虽然你学的科目多，但是你可以跟上，因为我们可以每天用半小时的时间复习一下，这样就能进步啦。

1.2
孩子不爱学习怎么办？

为什么孩子玩的时候很积极，可一到学习时就特别消极、不喜欢呢？

心理学上有个概念——**习得性无助**，简单来说就是一个人努力很多次，但结果都失败了，他就会习惯性地认为自己再怎么努力也没有用，所以就干脆放弃，即使下一次机会来了，也不想再努力了……

心理学家用跳蚤做过一个实验。他们把跳蚤放在一个没有盖子的瓶子里，跳蚤本来能轻松地从瓶里跳出来，可是，心理学家用一个盖子盖住了瓶口，跳蚤每次跳的时候都会撞到盖子，结果是根本跳不出来。

几次之后，心理学家把盖子拿掉了，但跳蚤因为之前一直都跳不出瓶子，这次有可能跳出来，但它已经跳不出瓶口的高度了。

孩子也是一样，如果学习太难，超出了他的能力范围，不管他怎么努力，家长都觉得不够好，他完全体会不到成就感，就很容易破罐子破摔。

一旦孩子在学习上感觉无法达到父母的期望，就会不认可自己，进而有厌学情绪，甚至影响身心健康。

应该怎么做，才能让孩子爱学习呢？

答案很简单：让孩子**获得好处**。

如果想让一种行为保持下来，就一定要让孩子感受到做出这种行为之后带来的好处。这种好处有两种：外在好处和内在好处。内在好处尤其重要，**内在好处就是内在需求。**

孩子在学习上都有两种内在需求：**自主感的需求和愉悦感的需求。**

自主感的需求

孩子两岁左右自主感开始出现。比如，你给孩子拿糖果，孩子偏偏不接，非得要自己拿。你还以为是孩子不听话，实际上是孩子的自主感在萌芽。

所以，家长要帮孩子在学习上建立从"**要我学**"到"**我要学**"的转变。可以多说"你希望怎么选择呢""是先写数学，还是语文"这类的话，多给孩子选择的机会，他感觉到自己是可以做主的，才愿意对这件事负责任。

愉悦感的需求

愉悦感是内动力的前提。当孩子经过努力超越了从前的自己，达到目标，他就会有强烈的愉悦感。

这种愉悦感就像雨后出现彩虹一样。当人们完成困难的事情时，人体就会补偿性地让你拥有愉悦感，让你产生快感，以促使你之后做出类似行为。

孩子完成一个学习任务，自然就能体会到学习成功后发自内心的愉悦感。

我们要如何说，才能帮孩子爱上学习呢？

我们先要改掉三个常犯的错误：

1. 别把现象当原因

家长总是说："你学习就是不努力，不认真。"这是拿现象来对孩子进行教育。家长也会常说："认真点。"

你跟孩子说"认真点"，孩子能明白吗？不能。"认真"是个形容词，表达的只是你的愿望。你总说"认真"，得到的很可能只是孩子的敷衍："嗯，知道了……"

和"认真"一样的词还有"努力""细心"。什么是努力？怎么做是细心？我们似乎能说明白什么是"粗心"，但很难说清什么是"细心"。

我们越是用"认真"这一类的词，越说明我们不知道怎么说才能帮孩子。

有个妈妈咨询我："我儿子九岁，上三年级了，他怎么就不能认真学习、爱学习呢？"

我说："你说孩子不爱学习，这个前提就是不对的，他真是对学什么都不感兴趣吗？你能不能具体说说，孩子到底不爱学什么？"

2. 撕掉给孩子贴的负面标签

有的家长总对孩子说：

你怎么每次都这么磨蹭啊！

你为什么就是学不好数学呢？

你就是个笨蛋，学习上一点都不自信，做什么都做不好。

这些话都是在给孩子贴"失败者"标签。这不但影响孩子的学习，甚至影响孩子的一生。

你说什么，孩子就做什么。你说他磨蹭，他就拖拉；你说他马虎，他就不认真。

孩子会活成你说的样子。好的教育就是不给孩子贴负面标签。

当我们给孩子撕掉"失败者"的标签，让他认为自己是个"成功者"，他就会有无尽的动力。

3. 放下与其他孩子的比较

想一想，孩子刚出生时，你眼里有别的孩子吗？是不是都觉得自己的孩子好？

当孩子一进幼儿园，我们就不自觉地拿自己的孩子和别的孩子做比较：人家会背《三字经》，人家琴弹得好，人家英语说得好……

如果你下班回家，孩子问你："妈，你每个月赚多少钱啊？楼上刘阿姨说，她每个月工资都五万；梓涵的妈妈又给她买了一个新的电话手表，你什么时候给我也买新的啊？"孩子跟你说这些比较的话，你好受吗？

每个孩子都有不同的特点和长处，很难公平地比较，我们家长先放下比较吧。如果你实在忍不住，那你就拿孩子的过去和现在比。

现在，送给你帮孩子爱上学习的"自信三步沟通法"。

1. 建立自信

自信首先来自"他信"。父母作为孩子最亲、最爱的人，一定要先相信孩子，才能看见孩子的优秀。

我曾在路上听到一家三口的对话，爸爸问小女孩："你将来想做什么呀？"孩子扯着嗓门说："我长大后要当大学校长！"妈妈马上就说："你知道大学校长是干什么的吗？上次考试数学才得了58分，就你那成绩还想当校长？"那孩子马上就低下了头。

孩子最开始的自信心，就是父母给的。家长可以经常跟孩子说三个字："试试看。"

"试试看"包含了**"你能行""我相信你""失败了也没关系"**三层意思，既肯定了孩子的能力，又表示了信任，还告诉了孩子结果并没那么重要。

就在孩子想做不敢做、想试不敢试的时候，告诉他："试试看。"在这种暗示下做事，孩子就会放下压力，敢于主动尝试。

建立自信的话术：

试试看，总有一天你能学好的。

孩子，你能行的，妈妈相信你。

2. 鼓励自信

自信来自成功体验，只有试过、体验过某件事，才有成功的机会。

有位妈妈买了很多鸡蛋回家，想把鸡蛋放到盒子里。女儿菲菲看到了，很想给妈妈帮忙，妈妈却说："宝贝别动，你会把鸡蛋打碎的，一会儿我自己来就行了。"菲菲说："妈妈，我都一年级了，让我试试吧！"妈妈赶快制止："不行，你还小，快写作业去！"

妈妈这样说很容易打击菲菲的自尊心，菲菲也会对自己产生怀疑。其实，可以这样说："宝贝真厉害，这么小就知道为妈妈分担家务，你来吧。不过鸡蛋很容易碎，你要轻拿轻放。"这样菲菲不仅会因为鼓励而高兴，还会对自己有信心。

失败了又能怎么样呢？孩子的成长就是**"破茧成蝶"**，蝴蝶从茧里挣扎、冲出来，这个过程虽然痛苦，但也非常重要。蜕变要有个挤压的过程，才能在脱茧之后展翅飞翔。

孩子在一个任务中遇到困难，自己要面对困难，去找办法解决，才能获得完成任务的能力，增加信心，这就是心理学上的**自我效能感**。

鼓励自信的话术：

做得真好，谢谢你能帮助妈妈！

妈妈刚刚读了你写的作文，很感动，我最喜欢这句，你怎么想到这句的？

不管发生什么事，我永远站在你这边！

孩子，勇敢一点，失败了也没关系，不就是一次比赛嘛。

3. 延续自信

自信可以培养和延续。做饭、开车、拍照是能力，自信也是能力，既然是能力，就能培养。然而当孩子的自信过段时间又没了怎么办？该怎么延续自信心呢？

答案是：不断重复。

只要孩子多练习、多重复，自信心就会一直延续。

如果孩子好不容易有信心去做一件事，可是刚开始就遇到了困难，我们该怎么说才能延续孩子的自信心呢？

比如，孩子练习了好多次，准备参加学校的演讲，可是一上台就特别紧张，站在台上几分钟都开不了口，最后老师没办法，只能让他先下去了。遇到这种情况，你要怎么说才能既鼓励他，又能让他看到自己做得好的地方呢？

你可以这么说：*"我觉得你很勇敢，你都那么紧张了，还坚持了好几分钟，你是在和紧张情绪做斗争。这让我想起来咱们练金鸡独立的时候，你开始只能站十秒，后来你坚持练，都能站一分钟了！如果老师再给你一次机会，你会怎么办呢？"*

这段话共三句，每一句都有一个重要信息：

第一句："你很勇敢，你都那么紧张了，还坚持了好几分钟，你是在和紧张情绪做斗争。"孩子在这句话里感受到了自己的勇敢。

第二句："咱们练金鸡独立的时候，你开始只能站十秒，后来你坚持练，都能站一分钟了！"这是在让孩子与已有的成功经验建立连接。

第三句："如果老师再给你一次机会，你会怎么办呢？"这是启发式的问句。

如果孩子还是不知道怎么办，你可以给孩子建议，告诉他："要不这样，你找一张你们全班的照片，投放到电视上，你对着电视来练习，相信一定会有进步，能成功的！"

延续孩子的自信心，家长可以这样做：①**具体说孩子的优点**；②**帮孩子回忆曾经的成功，告诉孩子重复练习就能成功**；③**问孩子以后的打算**；④**给出可行的启发方案**。

延续自信的话术：

我为你今天的表现感到骄傲。

让我们一起战胜这个小困难，来吧！

去改变世界吧，我永远支持你！

孩子，我知道你心里不好受，这次没考好不代表什么，我们找出没考好的原因，去解决它。我相信，你一定会进步。

无论学习还是生活，**自信才是孩子成长的基石**。要想教育好孩子，家长就要不断给孩子建立自信、鼓励自信、延续自信。

只要坚持一段时间，你就会发现，孩子变得积极主动、爱学习了。

小 结

1. 方法

①心理学知识：习得性无助。

②两个内在需求：自主感的需求和愉悦感的需求。

③帮孩子爱上学习，父母常犯的三个错误：把现象当原因，贴负面标签，总是比较。

④帮孩子爱上学习的"自信三步沟通法"：建立自信，鼓励自信，延续自信。

2. 话术

父母话术 1.2	
错误的话术 ×	**正确的话术 √**
你学习就是不努力， 不认真。	孩子，你是不是在学习上遇到了什么困难？ 我能帮你做些什么呢？
你怎么又做错了， 再来一遍！	让我们一起战胜这个小困难， 来吧！
你就不能快点回答， 慢慢吞吞的！	我为你今天的表现感到骄傲。
考 80 分怎么了， 你同学还有考 95 分的呢！	这是你努力的结果， 你的表现真的很好！
宝贝别动，你会把鸡蛋打碎的， 一会儿我自己来就行了。	宝贝真厉害，这么小就知道为妈妈分担家务， 你来吧。不过鸡蛋很容易碎，你要轻拿轻放。
你还能干什么， 写个作业都磨磨蹭蹭的。	去改变世界吧， 我永远支持你！
告诉你多少次了， 写完作业好好检查。	宝贝，我看到你对自己的学习很有把握， 很有自信啊。

1.3
孩子学习没目标怎么办?

天生有学习目标的孩子并不多。别说孩子了，就是我们自己，有时候也不一定能说得清自己想要什么。

学习没有目标，孩子就容易原地踏步甚至退步，家长也跟着着急。如果孩子能有明确的学习目标，他们就会自动自发地学习，不用家长成天催促，家庭关系也会更和谐。

如何帮孩子建立学习目标呢?

其实，我们对目标有一个误解，**认为成绩就是目标，实际上过程才是。**

有次在商场里，我听到有位妈妈跟孩子说："你考到 90 分，我就给你买这辆车；如果你考到 100 分，就给你买最大的车。"

孩子说："我要大车，我要好好学习，一定要拿到 100 分。"

你觉得这位妈妈树立了有效目标吗? 其实这种设置目标的鼓励方法没有用。

你想想，考 100 分的目标对孩子的学习有什么样的影响?

如果孩子相信自己能达到，他内心会激动，一边学一边想着，拿到 100 分，就能买最大的车，就可以找同学一起玩车了。这样孩子的心很难在学习上，很容易就走神。

如果他觉得考 100 分很难做到，碰到不会的题就容易烦躁，一边做题一边担心得不到玩具，他会有很大的压力。甚至会想：反正我考不到 100 分，也得不到玩具，还不如不好好学。

所以 100 分的目标，不管是让孩子心里有憧憬，还是有畏难情绪，其实都没有促进其学习。这个 100 分，实际上是一种干扰。

所以，给孩子设立目标，盯的不是结果，而是要使过程和结果之间建立联系。

成绩是成就性目标，而实现成就需要的是掌握性目标，只有把两个目标结合在一起，让孩子能够把他的具体学习行为与 100 分之间建立联系，让他知道如何通过努力达到 100 分，这样的目标才是有效、有用的。

有次讲课，有一个妈妈问我："老师，我家孩子班上一共 40 个人，我儿子考了第 30 名。如果我告诉孩子，你这学期努力学，进了前 20 名，我就满足你一个心愿。制定这样的目标算是合理的吗？"

我告诉这位妈妈："这个目标听起来还行，似乎孩子努力一下就能达到，但其实这不是一个合理的目标。"

我跟她分析，孩子要达到目标，至少面临两个困难：

第一，目标太远。期末要考好，妈妈才能满足他的心愿，那孩子平时的学习就得不到及时反馈，每天的努力得不到回应。要让一种行为保持下去，就一定要及时给好处。对孩子来说，如果好处是在四个月以后才能得到的话，行为就很难坚持。

第二，目标太空。没有清楚的行为计划做支撑。看起来"从 30 名到 20 名"这个目标是很具体的，但孩子要如何才能从 30 名前进到 20 名呢？如果孩子心中只有提高成绩这个模糊的目标的话，反倒没办法安心学习，也不知道如何行动。

从 30 名到 20 名，这个目标看起来容易，实际上因为目标设置得太远、太高、太空，没有清楚的行为计划做支撑，就没有达成的动力。

那怎么办呢？我们可以试着**分解目标**，让学习像打游戏一样上瘾！

在具体分解目标之前，我们可以思考一下，为什么孩子容易痴迷于游戏？

第一，游戏不会把目标设得太远。 它会把一个终极目标分解成多个小目标，让孩子一级级过，每过一关就会给孩子一个反馈：你又过了一关，厉害！

第二，游戏的每个关卡不会很难。 如果孩子没有打好游戏里的某一关，根据游戏规则，他还可以重复打，经过努力就能过了这一关。下一关的难度会稍微提高一点，让孩子再努力一点就能打过，所以孩子总能体会到能力一点点提升的满足感。

这种目标水平就是孩子的**最近发展区**，指的是稍高于孩子的现有水平，只要努力一下就一定能够达到的水平。

第三，游戏的目标不会太空。 游戏，会把一个终极的目标进行细致的分类。

比如，某一关需要完成做计划、换装备和打怪兽这三个行动，只要分别训练这三个行动，孩子的技能就会提升，他就能看到技能的提升和飞跃会让他最终实现大目标。所以，孩子在玩的时候会非常努力、快乐，也会非常上瘾。

回到前面说的，怎么能让学习像打游戏一样上瘾，把孩子的成绩从 30 名提高到 20 名呢？

我们只要把学习目标拆分成像游戏一样多个层级、容易完成的小目标，再给孩子及时的反馈，就能吸引孩子一步步完成。

第一点，目标要近，应由孩子自己来制定。

在孩子看来，父母制定出来的目标，是用来管制和约束他的。只有当目标是孩子自己制定的，他才会有意愿努力，并修正自己的行为。

所以定目标时，要听听孩子的想法。家长只能做引导，了解孩子心中努力的方向是什么，启发孩子自己确立目标，这样才能激发他学习的自觉性。

可以把期末目标拆分成每天的小任务。比如，每天做 20 个口算练习、每天背一篇课文等，再把完成的目标做个记录，让孩子得到及时反馈。

第二点，目标要稍微努力就能达到，要有"微小成就感"。

比如，可以把目标换成每天巩固一课的生字、生词，每周末复习整周巩固的生字、生词，这样就可以列一个目标清单，做完一项打钩一项。设定的目标，如果孩子通过努力就能达到，那就是好目标。

每一次目标达成，孩子都会有成就感。如果家长把这些关键成果变成可以看得见的行为，孩子在这种可视化的"微小成就感"面前就更能得到激励。

年龄小的孩子，家长可以跟他一起把这件事变得更有趣，比如把学习任务写在漂亮的小纸条上，每完成一项任务，就把小纸条叠成一个幸运星，放进罐子里。

还有，目标不是定出来了就永久不变，在实际执行的时候，会遇到很多困难，或者有不足的地方，这时候你可以根据经验，协助孩子一起修正目标。

第三点，要建立与目标相对应的有效的行为体系。

我们可以把提升名次的总目标，变成英语、语文、数学各个科目的提升。当孩子达到了行为上的小目标，就会最后实现大的目标。

比如，学习英语要解决的就是单词、语法、阅读、写作。

孩子读一篇英语文章，里面的单词都不认识，那就要先解决单词的问题；如果文章里的单词都认识，但读不懂一句话的意思，这是语法的问题；如果每篇文章你都能读懂，但是做不对题，这就是阅读理解的问题。

我们不能笼统地说孩子英语差，要先去具体发现和分析问题，根据孩子的实际情况制定学习目标。

比如，先每天多背三个单词，让孩子感受到任务不难、能接受，过两个星期再通过掌握的单词去学习语法，之后再增加阅读量……通过这样的方式，孩子就能切切实实地感受到自己的进步。

之后，再把这种通过设置小目标学习的方式用到语文和数学上。如果语文、数学和英语的成绩都提高了，期末的名次自然就会提升。

所以给孩子定目标的时候，要定一个分层次的、符合孩子现有水平的、有弹性的目标，再加上具体的行为体系做支撑，那这个目标就是有助于孩子学习的好目标。

最后说说在亲子沟通上，家长怎么说，才能有效引导孩子设定和完成学习目标。

有两个关键点：**马上能行动和具体小数字**。

马上能行动，是指父母与孩子沟通的第一个目标：让孩子不抗拒你的语言，可以马上行动。

家长不要说：

英语学得这么烂，老师都不愿意管你了！

快去把错题都改过来，写不完不许吃晚饭！

可以说成：

咱们把错的英语题画个圈标记一下，等有空了再想想怎么解决吧。

错题不可怕，这三道错题，吃完晚饭咱们选一道最容易的练习就好了。

具体小数字，是指在对孩子说的话语中，加入具体的小数字，让孩子能感受到这个任务很容易完成，孩子才不会产生畏难情绪。

人的大脑天生对数字敏感，当你和孩子沟通时，加入小于 5 的数字，既能让孩子印象深刻，又给了孩子确定要行动的具体目标。

家长不要说：

你这个学期要是能前进 10 名，我就给你买新玩具。

你再这样下去，就要变成班级最差的了，以后怎么考好中学！

可以说成：

要想提高名次，咱们每天多背 3 个单词就可以了，慢慢来！能轻松搞定的。

没关系，你可以每天给自己定两个小目标，这样也不耽误你玩的时间。谁都有失败的时候，需要我帮忙就尽管和我说。

小 结

1. 方法

①设立目标，盯的不是结果，而是要使过程和结果之间建立联系。

②制定目标三原则：目标要近，应由孩子自己来制定；目标要稍微努力就能达到，要有"微小成就感"；要建立与目标相对应的有效的行为体系。

③目标沟通两个关键点：马上能行动和具体小数字。

2. 话术

父母话术 1.3	
错误的话术 ×	**正确的话术 √**
英语学得这么烂， 老师都不愿意管你了！	咱们把错的英语题画个圈标记一下， 等有空了再想想怎么解决吧。
快去把错题都改过来， 写不完不许吃晚饭！	错题不可怕，这三道错题， 吃完晚饭咱们选一道最容易的练习就好了。
你这个学期要是能前进 10 名， 我就给你买新玩具。	要想提高名次， 咱们每天多背 3 个单词就可以了， 慢慢来！能轻松搞定的。
你再这样下去， 就要变成班级最差的了， 以后怎么考好中学！	没关系，你可以每天给自己定两个小目标， 这样也不耽误你玩的时间。 谁都有失败的时候， 需要我帮忙就尽管和我说。
我看着你， 今天必须写完这 20 个英语单词！	宝贝，今天的作业真是有点多啊， 咱们把单词分成 3 组吧， 先写 5 个单词，然后休息一下。
就知道哭，哭有什么用！ 好好想想吧， 你这学习成绩以后怎么办？	孩子，我知道你也不想这样， 语文、数学、英语，三科一起学确实很难， 你可以按照自己的想法先选一科， 定个小目标。
我花这么多钱供你上学， 你每天就是到学校混日子， 一点目标都没有！	宝贝，你可以问同学， 看他们都怎么定学习目标的，借鉴一下。 如果他们都没有， 你可以定一个适合自己的目标。

1.4

孩子学习粗心马虎怎么办？

一位妈妈非常崩溃地来咨询我："老师，你说我都跟他说多少次了，考试的时候一定要认真检查，不能马虎，可这孩子为啥还是老出错呢？"

这是一个三年级孩子的妈妈，她儿子很乖巧，学习也自觉，就是因为粗心，成绩总是上不去。

这一回，他的数学考了 85 分，原因是在草稿纸上演算最后一道大题的时候，漏看了一个步骤，结果整道题全军覆没。这位妈妈气炸了，觉得要让孩子长点记性。于是，她扇了孩子一巴掌，并撕了考卷，还撕了他整本数学作业……

孩子就错了一道题，考了 85 分，这位妈妈就有这样的反应，可想而知，关于孩子的学习，广大家长是很焦虑的。在我们的心里，孩子犯了错误可能就意味着输，而输就意味着人生的各种不幸。所以，我们绝不允许孩子粗心马虎，因为每一次失误都可能导致错失一次好机会。

像这样的情况，在小学阶段的孩子，尤其低年级的孩子，其实特别常见。为什么孩子总是马虎犯错呢？

一、孩子马虎粗心的三大原因

第一个原因是信息获取有偏差。

比如，在读题的时候，读得不仔细，粗枝大叶，题上有很多信息没读到、被忽略掉了。如果你通过观察和分析，确定孩子有这个问题，就一定要让他放慢读题的速度，或者让他每道题读两遍。

如果孩子试过了，发现这样做能读全信息、答对题，他以后就会用较慢的速度来准确读题。

还可以用"左扶右指"的方法，就是左手扶书，右手指字，用嘴巴读出每一个字。

有一种情况家长得注意，不是马虎粗心，而是属于视觉和动觉之间的感觉统合失调。比如，孩子不能分清"6"和"9"，"b"和"d"，"p"和"q"，"人"和"入"；看着书抄写字词，落笔后却是另一种样子；孩子在小时候经常倒着爬、把鞋穿反、把数字倒着写；无法分辨事物的大小、长短；读书跳字；等等。如果有这种情况，我们可以寻求专业机构的帮助。

第二个原因是专注力不足。

在后面的章节我会专门来讲孩子学习不专注怎么办，这里只是先点出来，如果你急于解决孩子专注力的问题，可以先去看有关专注力的章节。

孩子学习的时候不专注，原因有很多，比如学习、考试需要大量做题，做到最后专注力不够了，这时他在简单的题目上也容易出错；有的孩子着急做完题去玩，或被别的东西吸引，走神了，等他再回来做题的时候，刚才读到的信息就忘了……

这时候就需要我们长期坚持陪练，平时跟孩子多玩一些**训练专注力的游**戏：拼图、七巧板、舒尔特方格、斯特鲁普测试、多米诺骨牌或者叠衣服。这里特别推荐你跟孩子进行叠衣服的活动，孩子在叠衣服的过程中，要分清是谁的衣服并依次归类，这项活动既锻炼孩子的家务劳动能力，又锻炼其专注力和分类、统筹能力。

也可以和孩子玩扑克游戏：拿三张牌摆在桌上，让孩子选一张记住。如红桃2，让他盯住，然后扣在桌上，随意换位置，让他说红桃2在哪儿。可以和孩子轮流玩。随着能力提高增加难度，增加牌的数量，改变换牌的次数、速度。这种游戏练习，能够增强孩子的注意力和记忆力。

第三个原因是孩子不注意检查和复盘。

我们可以看一下小学生的卷子，那么一大张卷子，真要想一道题都不出错，全都做对，确实太难了，即使是大人也不容易做到。

所以，孩子要做的不只是不做错题，还要有一个检查的机制，要能够把做错的题检查出来。如果孩子在检查技能上得到训练，正确率就会大大提升。

要想考试的时候有时间检查，孩子做题的时候需要又专注又快，这需要平时多加练习。

家长要怎么做，才能帮助孩子养成检查、复盘的习惯呢？最直接的方法就是做检查练习，每天孩子写作业的时候，就是练习的最好时机。我们可以这么做：

1. 正向检查

这种方法是从审题开始，一步一步地检查，最好让孩子用笔画出关键字词，看原题是否看准了，有没有理解错误；题目里的那些已知条件是不是都用上了，运用的概念、公式是不是都正确；计算是否准确，格式是不是标准；等等。

2. 反向检查

这种方法是从答案往回推，用相反的计算方式把题验算一遍。比如数学题，加法可以用减法验算，乘法可以用除法验算，方程题可以用代入法验算。

如果孩子能在写作业时做好正向检查和反向检查，孩子粗心马虎的现象就一定会减少。

二、培养有序的生活习惯

我们要知道，孩子的粗心不是一天形成的，这和家庭环境、氛围等有直接关联。如果孩子从小就生活在一个无序的家庭中，作息不规律、东西摆放凌乱、环境卫生不佳、父母经常言语激烈，那么孩子做事丢三落四、马马虎虎就会成为"家常便饭"。

学习上的马虎并不是单一存在的，而是与生活习惯密不可分。有些孩子在学习上的马虎，实际是生活上的不良习惯导致的。

很多家长只关注孩子的成绩，不注重培养孩子的生活习惯和独立性，很少给孩子机会让他自己做事，导致孩子自理能力差，责任心不强。这样的孩子在学习上往往也容易出现粗心的问题。

"成长的首要条件是孩子还处于未成熟状态"。一切事情，都要经历从不熟悉到熟能生巧的过程，孩子的成长也是这样的。如果孩子做事不认真，或是丢三落四，或是总犯同样一个错误，只能说明孩子正在慢慢成长的路上，还需要练习。就像我们的孩子在刚开始学走路的时候，总要经历几次啃泥地的必然过程。如果家长急于去修正、纠正他，甚至采取了不当的言语和行为，反而会给孩子带来很多困扰，甚至导致难以挽回的心理问题。

在生活上，家长要让孩子养成保管好自己物品的好习惯，不仅是学习用品，衣服、鞋子、玩具等也要放到自己的柜子里，自己去保管。

生活、学习都整齐有序，孩子粗心大意、马马虎虎的现象就会少很多。

三、怎样沟通，孩子才能不粗心

在亲子沟通上，家长应该怎么说，孩子才会不粗心马虎呢?

有一个妈妈跟我说，她儿子有一次考数学，一个连加的问题（3加4等于几，再加8等于几，再加4等于几……）都做不对。

孩子从第二步就错了，这道题每个空2分，连错了4个，整整被扣了8分，这让她非常恼火。

如果你是这位妈妈，孩子把试卷拿回来，你会怎么跟他说呢?

家长千万不要说这一类的话:

这些题你都会，要是不马虎就能考100分了。

你真是笨啊!

怎么说一万遍你都记不住?

你有没有长脑子啊!

这种暴力的、唠叨式的语言和不顾孩子尊严的羞辱，只会让孩子更加讨厌学习、讨厌家长、讨厌自己……他会觉得自己不够好。

这一类的话也会掩盖孩子因为学得不牢或知识概念不清而造成的失误，你看他算3+4=7为什么不马虎，而算7+8=15就马虎? 为什么简单的题他不马虎，在稍微有点难度的题上就容易马虎? 那是因为他现在的**熟练程度**和**精**

细程度还不能保证他完全做对。

这个时候，如果用马虎去概括孩子所有失误的话，马虎就成了他知识、概念掌握不牢的挡箭牌。这些话不但没用，反而会掩盖真正的问题。

家长怎么说更好呢？

首先，家长不要动不动就以粗心为理由批评孩子，这样容易给孩子造成心理上的压力，考试的时候也会把自己的注意力都集中在"我不要粗心"之类的心理要求上，这样反而更容易造成注意力分散，出现更多不必要的错误。

孩子的注意力范围是很窄、很有限的。一个经常被督促要认真、不马虎的孩子，做事时的第一注意力就会投射在"不犯错"上，而不敢放开思维去探索、去深度思考。

指正孩子的粗心马虎要注意以下这**七个原则**：

1. 先调整自己的状态

很多父母一看孩子犯错或者粗心马虎了，就很容易怒气冲天，一副对孩子不依不饶的样子。

2. 五分钟之后再开口

如果你马上就想指正孩子的马虎，就容易发火，控制不住自己易怒的情绪，不但解决不了问题，孩子还会跟你暗中对抗。

3. 选择好时间和场合

一定不要在早上起床、吃饭时、睡前等时间段去指正孩子。家长可以把面对面站着改成肩并肩坐着，跟孩子聊聊他的情况。

4. 不伤害孩子的人格

不能说"你真笨、真蠢"这类话，因为这类话会严重伤害孩子的自尊。对一个人最大的侮辱，就是侮辱他的人格，这样的伤害甚至一生都很难治愈。

5. 别提孩子以前的错误

无论孩子现在的问题有多严重，家长都不要提起孩子从前的错误，这会让孩子破罐子破摔、自暴自弃。在教育中，我们要"赢得"孩子，而不是"赢了"孩子。

6. 结束前夸一夸孩子

对孩子马虎的指正不一定马上就见效，家长需要一点耐心，结束前给孩子一个表扬更好。批评不一定是否定孩子，但表扬一定是肯定孩子。

7. 一分钟内结束批评

无论父母想说多少话，都是说得越少越好。父母说得越少，孩子想得越多。然后再给他一个深情的拥抱，让孩子感受到你依然是爱他的。

　　长期关注孩子的"小错误"会得不偿失，而且人的情绪、兴趣、自制力等，都直接影响感知的完整性和准确性。

　　有一则有趣的寓言故事是这么说的：

　　北风与南风要比一比谁的力量更大，谁能让行人的大衣掉落谁就算赢。北风使出全身力气吹啊吹，行人的衣服却越裹越紧。而南风微微一笑，只使出了轻柔的力气拂动行人的衣摆，行人感受到了温柔的暖意，纷纷脱下了大衣。

　　所以，我们跟孩子沟通需要的不是激烈的狂风，而是温暖的柔风。我们可以这样和孩子沟通：

　　把：这些题你都会，要是不马虎就能考100分了。

　　改成：孩子，你辛苦了，每学期都有这么多考试，你能通过自己的努力取得这个成绩，妈妈很欣慰。

　　把：你真是笨啊！

　　改成：没关系，你已经有很大进步了。

　　把：怎么说一万遍你都记不住？

　　改成：宝贝，记忆分短期记忆和长期记忆。学习，就是要想办法多重复，把短期记忆变成长期记忆。我相信你能做到，加油吧！

　　把：你有没有长脑子啊！

　　改成：宝贝，你知道吗，越是成功的人，经历的困难就越多，不经历风雨，怎么见彩虹呢？我相信，经过努力，你一定会掌握这些知识的！

美国心理学家威廉·詹姆斯说："**播下一个行动，收获一种习惯；播下一种习惯，收获一种性格；播下一种性格，收获一种命运。**"

如果你希望孩子能有效利用时间，希望孩子不再粗心马虎，希望孩子获得好成绩、学有所成，那么，少骂他，少惩罚他，尽早帮他养成良好的生活习惯、学习习惯。好习惯越多，学习能力就越强，这才是孩子在学习上取得好成绩、克敌制胜的法宝。

家长要做的，就是给孩子成长的时间，允许孩子犯错比积极给予鼓励更重要。只要孩子有一点改进，就要鼓励孩子。

纠正孩子的粗心是一件非常细致的、艰难的、需要反复做的事。需要你有足够的耐心，用温和而坚定的态度对待孩子。

改善粗心马虎的情况，不仅仅是为了提高孩子的成绩，还与培养孩子审视问题的角度，解决问题的能力、行动力、意志力有关。

要想让孩子不粗心马虎，家长有一系列的事情要做：要用心地去观察、去细化，分清孩子的粗心马虎到底是什么问题导致的，然后找对方法改进。

小　结

1. 方法

①专注力训练。

②进行检查练习。

③培养有序的生活习惯。

④孩子粗心马虎时，沟通的七个原则。

2. 话术

父母话术 1.4	
错误的话术 ×	**正确的话术 √**
都说了多少次了，考试一定要认真检查，不能马虎！	宝贝，我看到你这道题写错了，你能给妈妈讲一下自己当时的想法吗？
这些题你都会，要是不马虎就能考 100 分了。	孩子，你辛苦了，每学期都有这么多考试，你能通过自己的努力取得这个成绩，妈妈很欣慰。
你真是笨啊！	没关系，你已经有很大进步了。
怎么说一万遍你都记不住？	宝贝，记忆分短期记忆和长期记忆。学习，就是要想办法多重复，把短期记忆变成长期记忆。我相信你能做到，加油吧！
你有没有长脑子啊！	宝贝，你知道吗，越是成功的人，经历的困难就越多，不经历风雨，怎么见彩虹呢？我相信，经过努力，你一定会掌握这些知识的！
你就这么粗心马虎吗，我不管你了。	孩子，从现在开始，妈妈全力以赴帮助你，全力以赴好好爱你！
下次再考这个成绩，你就别上学了，学了也是白学！	有困难是好事，以前你也有很多不会的题啊，你现在改变很大，很多地方都进步了。

1.5
孩子学习自制力差怎么办？

　　这一节的内容太重要了！因为，孩子的学习在很大程度上拼的就是自制力。

　　如果孩子的自制力差，就没法养成好的行为习惯，对生活、学习都有很多不好的影响。有自制力的孩子，学习更自觉、人际关系更好，也更自律，能管理好自己的生活、学习。

一、自制力是什么？

　　自制力，通俗说就是**感性和理性到底谁能赢**，也就是一个人**抑制住当下诱惑的干扰，把注意力放在未来要实现的目标上的能力**。父母之所以觉得孩子自制力差，主要是发现孩子做事都是三分钟热度，做着做着就跑偏了、放弃了，很难一直保持、不懈怠。

　　有位妈妈找我咨询时说："有次我跟孩子聊天，他一时兴起，就说以后要好好学习、好好写作业，期末争取考全班前5名！我听了当然很高兴啊，心想，难得儿子有这么大的决心。"

听完这话，我问了一个大煞风景的问题："你家孩子的成绩现在在班上是什么位置？"

这位妈妈沉默了……她心里也清楚，考班级前 5 名难度太大了。

她告诉我，孩子目前的成绩排在班级的 20 多名，语文和数学成绩都处于中等水平，写作业时畏难情绪比较重，经常磨蹭，以现在这样的状况，想要快速跃升到班级前 5 名是非常困难的。

我跟这位妈妈说，孩子有这样的想法，当然好，但我们要回到客观实际中去。你俩激动之后，后果很可能是孩子努力几天，学习态度又反弹回去，不但妈妈沮丧，孩子也被严重的挫败感包围，没办法对未来建立起积极稳定的预期。这样努力几次，他可能就会感觉：自己本来就不擅长学习，永远也追不上，索性就不追了。你说，这可怎么办？

于是，我就跟这位妈妈聊到关于自制力的两个秘密：**疲惫和消耗**。

1. 自制力会疲惫

自制力就像人的身体一样，会随着消耗变得越来越疲惫。比如，你早上还发誓：我要变瘦、变美，不吃油腻的东西。一整个白天还能坚持住，可到了晚上，当你看到炸鸡，可能就忍不住了，就想吃。因为你累了一天，自制力已经非常薄弱了。

2. 自制力会被消耗

有很多你觉得不需要自制力的事，其实时刻都在消耗你的自制力。比如，有不开心的事了，情绪发泄不出来；当你玩了一小时手机后，想再做其他有一点难度的事情就会更难；开完一下午的会，就感觉什么也不想做……

可想而知，在孩子身上，自制力更容易被消耗，其中有三大方面会对孩子的自制力产生非常大的影响：

（1）外部的环境

比如手机游戏、电视，或家里非常凌乱、玩具很多等，这些都会大大分散孩子的自制力。

（2）分散的目标

有些孩子由于缺少规则意识，做事的时候没有明确的目标，或者同时有好几个目标：他既想快点写完作业，又想着看晚上的动画片……这就导致孩子的目标分散，自制力弱。

（3）父母的脾气

孩子的气质是天生的，有的急躁，有的稳重。脾气急的孩子，就不容易控制自己的行为和情绪。

如果父母是暴力型的，经常吼孩子、骂孩子，或者父母、老人属于溺爱型的，认为孩子长成什么样无所谓，学成什么样也无所谓，总爱放纵孩子，都容易导致孩子自制力弱。

二、怎么提高孩子的自制力？

我们有什么方法可以提高孩子的自制力呢？

1. 家长一定要注意这两个方面：睡眠和饮食

（1）睡眠

一次晚睡就可能浪费第二天上午的时间，甚至影响一整天的状态。所以，我们要帮助孩子养成早睡的习惯，保障足够的睡眠时间。

还要注意睡前放松。让孩子不要看手机、电视，尽量别让大脑过于兴奋。对于晚睡的孩子，家长也可以给孩子提出一个**一分钟原则**。就是每天都比前一天早睡一分钟，直到调整到适合的时间。

（2）饮食

很多家长总怕孩子吃得少，喜欢让孩子多吃，其实长期过多食用米、面等碳水化合物，汉堡等油腻的食品也容易让孩子的自制力减弱。

2. 父母可以和孩子做一些提升自制力的训练和游戏

（1）专心地呼吸

这种呼吸的练习，能非常好地帮助孩子提高自制力。我们先让孩子在椅子上安静地坐好，然后闭上眼睛，用"432"的方式：用4秒钟的时间吸气，然后停3秒钟，再用2秒钟呼出。如果发现孩子有点走神，就让他重新将注意力集中到呼吸上。

（2）行为训练

行为上的训练也很简单。比如：我们可以让孩子端正地在椅子上坐一分钟；每天做三分钟的空手跳绳练习；在吃饭的时候，让孩子用不常用的那只手吃饭；每天起床时，先让孩子练习三个俯卧撑……这些小小的行为练习，都能帮孩子积攒自制力的能量。

做这些自制力练习，其实就是练习两种核心能力：一是等待；二是忍耐。

①日常等一等。

日常的等待练习非常简单，可以给孩子安排固定的习惯。比如：等待每天一日三餐的时间、固定的看书时间、玩亲子游戏的时间……跟孩子约定好，只有到了固定的时间，孩子才能做这些事，如果时间不到只能等待。

②**用辅助工具。**

等待的时候，孩子心里没数怎么办？我们可以教孩子看时间，去用计时器、秒表、钟表等工具。当孩子会看表、看日历的时候，时间就变得有形了，能看到、感受到时间，孩子等待的能力也练好了。

3. 父母可以带孩子学方言和外语

你可能会觉得奇怪，提高孩子的自制力，跟学方言和外语有什么关系？研究表明，学多种语言能提高孩子的认知能力和自制力，而不仅仅是让他在语言上占优势。

让孩子学一门方言或外语能提高自制力，也可以提高认知能力，这种练习是很有挑战性的。当孩子在说一种方言、外语的时候，就必须抑制另一种语言对他的干扰，这时，孩子就已经是在练自制力了。

从脑科学的角度来分析，当双语者在两种语言间切换的时候，他的**前额皮质**、**基底神经节**和**前扣带皮层**会很活跃，而这部分的脑组织在执行需要自制力的任务时也很活跃。

4. 学会运用"动力＞阻力"的行动原理

当**动力＞阻力**，就可以行动。孩子行动的时候如果**动力＜阻力**，他就容易拖延，不愿意做事；当**动力＞阻力**，他就会行动力满满。

当孩子遇到诱惑时，他经受不住，那是因为动力不足，缺少一个更大的诱惑来对抗。比如，孩子想吃炸鸡，但他一直惦记去游乐场坐小火车游玩，你就说：如果你现在不吃炸鸡，我就同意你吃了健康食品后，陪你去玩小火车。

这样孩子就明白了：如果我要想获得一个更大、更想要的东西，或者大目标，就要放弃眼前的小诱惑。

5. 别着急，给孩子留一些空间

很多家长看到孩子做事没有自制力特别着急，就全面接管孩子的行为，这其实是抢了孩子自己的掌控感，这样很危险，当有一天你不再掌管孩子，放手了，孩子或许就崩溃了。应该在孩子自制力不足的地方，稍稍给他留一**些空间**，别逼得太紧，要张弛有度。

比如，孩子写作业走神了，我们不要总是提醒他，你可以观察他的心理活动。他走神，内心也是挣扎的，那是理性和感性在打架。玩两分钟，写几个字，理性胜利了；写了一会儿又玩，感性又胜利了。别着急，等发现他实在不理智了，你再提示一下，别想着一下把他拉回来。

三、提高孩子的自制力，要怎么说?

有关自制力，家长在跟孩子进行亲子沟通之前，需要了解两个真相：

1. 天生的本能

人的原始行为，分为冲动行为和本能行为，自控行为是后天行为。好奇就是原始行为，比如你拿个线团，在小猫的眼前晃，它就会一直盯着，会很好奇。人也一样，孩子拿到新语文书就急着每篇都看看，但你让他把课文读三遍，这就不是本能行为。

玩也是本能，比如孩子和小朋友玩水，半天都不累。但你让他锻炼，让他在泳池游五个来回，就很难。所以，自控行为是需要锻炼的。

2. 自然的规律

为什么孩子的自制力比成人弱？

第一，成人随着年龄的增长，大脑额叶的抑制功能已经慢慢变强了，能较好地进行自我控制。

第二，成人的语言能力发展好，能把自己的行为、目的讲清楚，说明白，在心里也能记清楚，所以能对自己进行语言提醒、行为调整，不会太放任自己。

第三，成人在成长的过程中，进行了无数次的自我控制的练习，也尝到了自我控制的好处，能为长远的目标进行自我控制。

然而，成人真能如愿做到完全自我控制吗？不见得。比如，你下定决心要控制自己的暴脾气，当你无意中看到孩子做事磨蹭了，依然有可能对孩子大喊大叫。成人都很难自控，更何况是自制力弱、没经验的孩子呢？

当你了解了"天生的本能"和"自然的规律"，孩子的自制力再出现问题时，你就能理解孩子并好好沟通了。

家长不要说：

算了，就只有今天能看电视啊，下不为例。

你再乱跑，下次就别来了！

我数三个数，马上去洗漱！

先看电视还怎么写作业，等你看完都晚上8点了！

这些话都有暗示，会让孩子感觉自己就是不能自控，会对自己丧失信心。

有一个更简单的、提高自制力的沟通方式，就是和孩子说：**坚持五分钟**。

比如，某一天孩子的语文作业特别多，要写 20 个成语，每个写 5 遍。这时候，你可以跟孩子说："宝贝，咱们再坚持五分钟。"一般情况下，孩子只要开始了某个行动，就很少会停下来，无形中就帮助孩子提高了自控能力。

再说一个典型的例子：孩子控制不住自己，总玩手机游戏。

我有位学员妈妈，她儿子上五年级了，总控制不住自己，经常在妈妈不在家时偷玩游戏。

她非常苦恼，问我这该怎么办。我首先做的就是，让她弄清楚**玩游戏对孩子的意义**。

游戏有什么意义？有的孩子是为了放松身心；有的是为了高强度的游戏体验，从而获得畅快感；有的是为了寻找闯关的成就感；有的是真能玩出能力和水平，有胜任感；还有的孩子因为同学都在玩，所以也跟着玩，为了跟同学增加社交共同语言。

所以，我们可以先和孩子讨论**"为什么玩游戏"**，这是为了让孩子看到，他玩游戏的真正目的是什么，游戏对他来说有什么好处。

聊完好处之后，再问**"怎么办"**，即如何玩游戏，才能实现你的目的。这个问题聊明白了，才能保证孩子在玩游戏的时候不是被动上瘾，而是主动自控。

如果孩子一边玩游戏，一边在心里骂自己：我不该玩游戏，该学习。那会怎么样？他会感觉痛苦，那他会接着想：可学习更烦，我不想学，不管了，先玩一把再说。

你看，他为了逃避学习焦虑，把注意力转移到游戏上，这只会增强他的无能感，更觉得管不住自己。

所以，你可以跟孩子说：*"孩子，妈妈支持你玩游戏，而且希望你玩得有收获。你觉得你想要什么样的玩法？玩多久？如何玩？什么时间玩？用什么样的状态和精力玩？想一想，如何才能在游戏中有所收获。"*

这样孩子就明白了：他要玩，就要选择他有掌控感的时间玩，如果偷偷玩，担惊受怕不说，还会在内心指责自己。

这时他就会跟家长商量，游戏时间怎么定，怎么玩更合适，这就增加了孩子对游戏的主动控制。

我们还要想的是，孩子不玩游戏还可以做什么？我们对他的要求一定不是不玩，而是希望他能够完成其他重要的事，如运动、户外活动、阅读、写作业……

我们要跟孩子说清楚：周末，你每天可以玩一小时游戏，你好好玩，除此之外你还要做三件事：运动、学习、写作业。运动，周末两天，每天走5000步；学习，每天预习一小时，抄10个好词好句；作业，列清单一项项写；周日我们一起检查……

让孩子知道：**你好好玩，但游戏是所有事情中的一项，你还要完成另外三项，你安排好时间，按要求完成所有的事。**

这样孩子就会知道，如果一直玩游戏，就会影响另外三件事。他就会明白：想把这些事做好，就得计划做每件事的时间，安排好时间，他就有了充分的认识，才能开始尝试**自主管理**。

偷玩游戏，孩子内心会纠结、有冲突，一方面是想玩，另一方面是觉得不该玩。这时候我们可以告诉他：*"当你想玩游戏又觉得应该学习的时候，别着急做决定，也别指责自己。你要感受这个冲突，停下来感受一下自己的情绪状态，想清楚了再做决定。"*

为什么让他体会？因为如果他内心的冲突没被他意识到，他就很难理智思考。当你让孩子停下来去感受、去思考，就是让这种冲突感外显出来，来到意识层面，这时他才能用理智去解决问题。

所以，不是让他马上做玩或者不玩的决定，而是停下来感受冲突。

你可能会问，这时候孩子觉得是该去学习了，但又觉得学习压力太大，很想玩一会儿，怎么办？

你可以说："孩子，你可以玩，但玩之前先想好玩多久，等时间到了怎么做才能让自己顺利进入学习状态。比如，时间到了，你可以站起来倒一杯水，然后坐下来待十秒钟，再从你最喜欢、最擅长的学习任务开始做。"

让孩子把这些先想好，他对学习和玩游戏就有安排了，再玩游戏就是有目的、有掌控感地玩。时间到了，他也知道怎么调整。这个过程要多练，孩子才能实现对学习和玩游戏的管理。这样就能帮他实现自主管理，做自己的主人。

最后，我们想要提高孩子的自制力，要记住四个字——"循序渐进"。不能急，要按照孩子的成长节奏来，慢慢进步。自制力不是天生的本能，而是后天锻炼、培养和训练的结果。

小　结

1. 方法

怎么提高孩子的自制力？
①睡眠和饮食。
②训练和游戏：专心地呼吸、行为训练。
③学方言和外语。

④学会运用"动力＞阻力"的行动原理。

⑤别着急，给孩子留一些空间。

2. 话术

父母话术 1.5	
错误的话术 ×	**正确的话术 √**
算了，就只有今天能看电视啊，下不为例。	宝贝，我理解你的心情，可这是我们全家人都要遵守的规矩啊。
你再乱跑，下次就别来了！	给你个选择，要么帮我推车，要么拿袋子，你来决定。
我数三个数，马上去洗漱！	宝贝，还有五分钟，我们就要开始玩洗漱游戏啦！
今天不把作业写完，以后就别看电视。	今天的作业都有什么呀？我们先一起看看，看又能学到什么知识。
你再不守纪律，老师就不要你了，也没人喜欢你！	这个很简单，规矩就像马路上的信号灯，是保护我们大家的安全的！
怎么写得这么乱，你就不能好好写？	孩子，我已经说过了，写得不工整要重写，因为不工整，老师看不清楚，所以你必须重写。你可以这样写，横平竖直，大小一致。你只要写得比刚才有进步就行。
你怎么才写一小时作业就又想玩手机！你就天天玩手机得了！	妈妈看到你真的长大了，能坚持了，你真是个对自己负责任的孩子。

1.6
孩子学习偏科怎么办?

曾经有位妈妈找我咨询时说:"我儿子四年级了,从上小学开始就是语文好、数学差,回家写作业都是先写语文,后写数学。上次考试数学才得了76分。为什么他会偏科呢?这可怎么办啊?"

我对这位妈妈说:"其实,没有不偏科的孩子,每个孩子或多或少都有偏科的现象。你试试我说的方法,看看效果怎么样……"

对于孩子是不是偏科,很多家长有一个误区:只看总分。

比如,你的孩子上一次总分排第 100 名,这次考了 70 多名,表面上看,你可能感觉孩子进步了 20 多名,实际上,孩子偏科的科目比上次下降了十几分,其实是退步了。

由于总分进步了,家长对偏科科目的关注度就会降低,这就是孩子擅长的科目掩盖了不擅长的科目。这让孩子也感觉自己并不是不努力,只是不擅长那一科而已。这让家长和孩子都忽略了对偏科科目的重视。

要解决这个学习难题,首先要弄清楚偏科是怎么形成的。

1. 用错了时间

什么叫用错了时间？就是孩子在自己喜欢的科目上花的时间太多了。这个喜欢，可能是孩子喜欢语文内容，或喜欢语文科目的老师，导致不自觉地就分给这科很多时间，甚至一半以上时间都在学语文，写作业也是先写语文，越学越上瘾，对语文也越来越有成就感，而给别的科目的时间变少，造成偏科。

2. 用错了方法

语文、数学、英语，这些科目的学习方法是不一样的。比如，学习语文、英语的方式是"多动身子"练习，意思就是要大量重复地读、背、练；学习数学，是需要孩子"多动脑子"思考，年级越高越需要数学思维、解题思路。很多孩子学数学的时候，用的是背和练的方法，没有数学思维（包含具象思维、形象思维、抽象思维）上的提升，所以成绩不高。

3. 学习有差别

每个孩子的学习速度是不一样的，孩子的某些偏科很可能是"假偏科"。有的孩子语文学得快，有的孩子数学学得快，不少偏科是阶段性的。比如，有的孩子数学一开始学得慢，突然有一天他理解概念了，开窍了，就会有快速的进步，很有可能以后数学进步就很快。

4. 刻意地回避

"学不好就躲"是大部分孩子常见的行为。如果孩子对自己不擅长的科目，经常有"我不行""我很无能""我绝对不是学这个的料"等想法，时间一长，孩子就容易对这一科有恐惧心理、逃避心理，进入越不爱学成绩越差的恶性循环。

人都不喜欢做自己不擅长的事，也不会喜欢去做明知道很难的事。这就好像你家里的卧室和客厅总是被打扫得干干净净，但那个经年不收拾的地下室，你每次说要去收拾，都觉得工程太大了，地方太脏了，一直往后拖延。孩子也是一样，如果感觉他某一科落下了，就尽早帮助他找到原因，克服困难，赶上来。

说完原因后，我们再详细说说要怎么帮孩子摆脱偏科。

1. 提前多预防

为什么要预防呢？因为小学三年级到五年级学习难度不断增大，也是最容易偏科的时期，所以家长一定要在这个时期多关注孩子的学习。如果你的孩子年龄还很小，那就更要注意预防了。

与学习相关的智能是多元的，有语言智能、数学逻辑智能、空间智能、运动智能、音乐智能等，家长要观察孩子哪方面强、哪方面弱。很多家长喜欢在孩子小的时候教他识字、背诗，花大量的心思给孩子灌输语文知识，而忽略了数学和英语的学习。如果我们能早点引导孩子学习数学、英语等相关知识，孩子以后偏科的可能性就会小很多。

2. 抓基础知识

我们家长帮孩子抓弱科的时候，不能急于求成，要从最基础的知识开始学，不要一开始就想着解决难题，而是要让孩子逐步地积累。积累到一定程度，孩子的成绩上来以后，他的自信心自然就建立起来了。

但很多家长犯了个错误：粗暴恶补。比如，孩子的数学不好，家长为了提高孩子的数学成绩，就一味要求孩子恶补数学，反而会让孩子产生逆反心理。

在这个过程中，想办法**激发孩子对弱科的兴趣**才是第一步。这时候的目标就一个，让孩子感觉到：**弱科不难**。

3. 善于运用老师资源

家长可以和老师建立好关系，老师的资源和影响力对孩子摆脱偏科的帮助是非常大的。

回到开头那个案例，那位妈妈就按照我的方法，经常和老师商量、打配合，通过老师给孩子奖励的办法激励孩子学数学。妈妈买了孩子最喜欢的玩具，送到老师那儿，说："老师，我孩子数学进步的时候，请您悄悄送他个小玩具，告诉他这是专门给他的奖励。"

孩子数学有了进步，并得到老师的奖励，回家之后特别开心，告诉妈妈："老师奖励我了，说我数学进步很大！"后来孩子对数学有了亲近感，也愿意积极主动地学数学了。

4. 多刻意练习

我们家长要明白：**孩子不擅长的科目，就是他成绩发生质变的机会。**

如果孩子能专心突破偏科科目，这比学习自己喜欢的科目更容易提升成绩。只要孩子提高弱科，克服薄弱环节，成绩就会进步一大截，这是一个显而易见的事情。

要实现突破，最直接也最重要的方法就是：多多练习。大脑学东西就是不断地建立神经元连接的过程，随着孩子对一个行为的不断重复，大脑会形成一个特定的回路，这个回路越稳固，孩子的脑子就越灵。

孩子在某个方面不擅长，这不一定是他的天赋缺陷，可能只是孩子练习得太少了。家长要帮孩子找到他们的不舒适区，不会的东西，反复练，这样才能进步。

要告诉孩子：**所有的成功都是练习得来的**。如搭积木、骑自行车、游泳，成功的秘密就是**熟能生巧**。只要开始第一步，成绩就会进步。

可以从使用**教辅资料开始**。给孩子买一套和偏科的科目教材同步的教辅资料，和课堂笔记一起用：

①每天用铅笔做一做教辅资料的题，巩固知识。

②在单元检测前，擦掉铅笔的痕迹，重新做一遍。

③期末考试前，让孩子把自己在单元检测的时候不会做的题再认真做一遍，只做难题和不会的题，练着练着成绩就提高了。这就是**小步快跑，刻意练习**。

人的天赋相差不大。随着孩子对一个行为或技能的不断重复，大脑就会形成特定的回路，回路越稳固发达，孩子在这个技能上就进步越快。

最后，我们再来说说，家长要怎么做，才能帮孩子摆脱偏科呢？在跟孩子沟通学习偏科的事情之前，我们要做好两件事：

1. 查找原因

这是每个家长的基本功：**要想教育好孩子，先要观察好孩子。**

首先，要做一个善于观察的家长，看看孩子在日常的学习中，是不是只学习自己会的东西。很多时候，孩子的忙碌并不代表勤奋，有时候就是瞎忙，没目标；还有的时候就是反反复复，原地踏步，总爱学已经学会的知识，给自己增加成就感。

其次，要看孩子是不是一直在做不用动脑子的事。这种情况非常多。什么叫不用动脑子的事呢？比如，孩子不擅长语文，他把语文两个单元的内容抄了一遍，看似学了一晚上语文；又如，他数学不好，把不会做的题，看着答案抄在了错题本上，似乎也给了数学很多学习时间。实际上，他还是被畏难情绪控制了，做一些根本不需要动脑子的事情来麻痹自己，这些做法基本没有多少实际效果。

家长要仔细观察，再去帮孩子直面自己的问题，剖析自己的问题。我们每个人都有畏难情绪，趋利避害，避难就易。越是不擅长的东西，我们越不愿意触碰。

这时候，家长千万不要在还没有查找出孩子偏科的原因之前，就说出类似下面的话：

你再没完没了地学语文，就别学数学了，反正也学不会！

没看到我在忙吗？一边去，别烦我，我也不会。

人家都能学好语文，为什么就你不会，你是没长脑子吗？

你快点写语文，别瞎耽误工夫，待会儿还要多看看数学。

数学考 60 分，我看你是没救了，别学了！

上面这些家长说出的话，都是没有查明原因的"否定"和"贬低"，会让孩子看不出自己的真实问题，严重的话，会抹杀孩子的学习意愿，导致孩子默认自己永远都不可能学好弱科。

2. 指明方向

家长可以这样说：

把：你再没完没了地学语文，就别学数学了，反正也学不会！

改成：宝贝，你可以先写 5 分钟数学，让自己放松一下，换换思维。

把：没看到我在忙吗？一边去，别烦我，我也不会。

改成：是遇到什么问题了吗，等我 10 分钟，一会儿你来跟我说说。

把：人家都能学好语文，为什么就你不会，你是没长脑子吗？

改成：每个人都有自己不擅长的科目啊，比如妈妈就不擅长英语。

把：你快点写语文，别瞎耽误工夫，待会儿还要多看看数学。

改成：孩子，语文还需要多长时间写完？如果超过 20 分钟，你就可以停下来休息一会儿了。

把：数学考 60 分，我看你是没救了，别学了！

改成：宝贝，你逆袭的机会来啦！这就是你超越的机会啊，60 分往上升有很大空间啊，95 分升 100 分那难度才大呢。加油吧！

家长和孩子交流的时候有个前提："打开心门"。就是我们要保证和孩子沟通的时候，彼此的心门是打开的，帮助孩子放下心理负担。

如果孩子总因为数学成绩沮丧，对自己产生怀疑，经常对你说："妈，我就不是学数学的料。"你要怎么做呢？首先，你只要站在孩子这边说话就行了："宝贝，这也没什么，妈小时候数学也不好，现在不是活得挺好的吗？"

孩子听了心里会轻松很多，原来妈妈的数学也不好过。你这么说，主要是为了让他感觉舒服点，这样心情就会轻松很多，知道妈妈是站在他这边的。

其次，等孩子没那么难受的时候，他还是对自己有要求的，还想把数学学好。这时候，你再和孩子一块儿想办法解决问题，他才能欣然接受。

下面再来说说这种常见情况：如果孩子有一门课成绩不理想，是因为不喜欢这门课的老师，这怎么办？

面对这个问题，家长要把握一个原则：**做孩子与老师之间的桥梁，彼此沟通，减少误会，缓解矛盾**。一方面，家长可以与老师多沟通，了解孩子在这个学科中表现得如何，并邀请老师分析孩子的学习状况。这样能让老师清楚地知道孩子在学校和家庭中的情况。另一方面，告诉孩子，每个人都会遇到很多老师，每个老师都有自己不同的性格、教学风格和方法，因此有的人可能会感到不适应，或者因为老师的严格要求而感到失落。所以，我们应该理解和包容老师，因为我们的目标是一致的。最重要的是我们要学习知识，要尽量降低外界对自己学习的干扰，尽力而为就好。

最后再提醒一点：帮孩子纠正偏科，一定要**保证优势**，要小心地呵护孩子已经形成的强项科目。很多家长帮孩子提升弱科的时候，别的什么都不管，因为补数学，就对强项的英语放松了；有的孩子在艺术方面非常有天分，本来可以走艺术道路的，家长却为了提高文化课的成绩，让孩子完全放弃了自己的爱好。千万别捡了芝麻，丢了西瓜。

教育上有个词——"因材施教"。家长一定要明白，有的时候不是说你的愿望是什么，就一定能实现。有些家长就想着，我一定要实现我的愿望，我就想让孩子把某科成绩提高，我把所有资源都用上，就是要把孩子的某科成绩搞上来。

对于某门科目，如果孩子无论如何都不开窍，这个时候家长也要保持一颗平常心，不要去勉强孩子，更不要去贬低孩子，而是要去接受他，让他在擅长的方面发展，静待花开。

小　结

1. 方法

怎么帮孩子摆脱偏科？

①提前多预防。

②抓基础知识。

③用老师资源。

④多刻意练习。

摆脱偏科，家长要怎么做？

①查找原因。

②指明方向。

2. 话术

父母话术 1.6	
错误的话术 ×	**正确的话术 √**
你再没完没了地学语文，就别学数学了，反正也学不会！	宝贝，你可以先写 5 分钟数学，让自己放松一下，换换思维。
没看到我在忙吗？一边去，别烦我，我也不会。	是遇到什么问题了吗，等我 10 分钟，一会儿你来跟我说说。
人家都能学好语文，为什么就你不会，你是没长脑子吗？	每个人都有自己不擅长的科目啊，比如妈妈就不擅长英语。
你快点写语文，别瞎耽误工夫，待会儿还要多看看数学。	孩子，语文还需要多长时间写完？如果超过 20 分钟，你就可以停下来休息一会儿了。
数学考 60 分，我看你是没救了，别学了！	宝贝，你逆袭的机会来啦！这就是你超越的机会啊，60 分往上升有很大空间啊，95 分升 100 分那难度才大呢。加油吧！
你爸小时候英语也不好，你比他还笨！	孩子，试试看，没准儿你用不了一个月就能超过爸爸了。
老师都批评你，说你就是偏科，就是懒得学语文、背语文。	孩子，老师的严格要求是对你学习效果的负责，老师严厉的态度下是对你学业的关心。

1.7
孩子学习依赖父母怎么办？

"妈，我这道题不会，不知道什么意思，你帮我读一下吧……"

"妈，这是我们老师昨天新讲的题，老师说要把题读清楚再计算，你帮我读清楚吧……"

你家孩子是否对你说过这样的话？面对孩子这样的要求，你又是怎么回应他的呢？

或许你不知道怎么回事，孩子一到学习的时候就赖上你了，要你帮他干这干那，弄得你帮他不是，不帮他也不是。

在说方法之前，我们要弄清楚，哪些情况下，孩子容易依赖父母。

1. 溺爱型的养育

如果你的孩子从小就在过分关怀的环境里长大，衣来伸手，饭来张口，即使自己有想做的事，也会被家长代劳，自然就容易依赖家长。比如，孩子在一岁左右的时候就爱玩勺子，想学着大人那样吃饭，可家长怕孩子把饭打翻了，就不让孩子练习，孩子就习惯被伺候了。这也导致孩子意志力弱，说话、做事都经不起打击，一旦遇到困难就逃避，习惯了逃避，依赖的心理也就更重了。

还有些家长就愿意为孩子做一切事情，替孩子收拾书包、打扫房间，有时还会为孩子代写作业，甚至在吃饭的时候，把好鱼、好肉都留给孩子吃，把鸡头、鱼尾夹到自己的碗里，还对孩子说："我们大人就爱吃这些。"

这些望子成龙的父母，心甘情愿、尽其所能地替孩子做事，满足孩子物质上的一切需要，把孩子的责任都揽到自己身上了。结果使孩子变得以自我为中心，没有奋发向上的愿望，更缺乏责任心。

从小在溺爱中长大的孩子对待周围的人或事有两个问题：

一是对周围的事不关心。事不关己，高高挂起，甚至连最起码的责任心都没有。因此，他不会去关正在滴水的水龙头，也不会扶起自己碰倒的自行车。

二是孩子的自我中心意识过强。时时刻刻都以自己为中心，他长大后，不但不会为社会贡献自己的一份力量，有时为了满足虚荣心，甚至可能会做出出格的事。

有些家长觉得，孩子还小，没关系，等他长大就好了。实际情况是：等他长大就晚了。从小被溺爱、娇生惯养的孩子，长大后会越来越自私，在学习上也容易有严重的依赖心理。

2. 安全感的缺乏

你家孩子是不是这样：六岁前挺好的，对什么都感兴趣，也很爱学习，怎么上小学以后，学习就慢慢不行了呢？

这其实是孩子早期的不适应，不能进入学习状态，自卑，总感觉身边的同学、朋友都很优秀，没有自信心。如果父母在这段时间因为孩子的成绩经常说教、唠叨他，给孩子很多的压制，孩子也容易总是依赖大人。

在日常生活中，有很多父母说是陪孩子，其实都是在玩手机，结果孩子因没人互动，就会过来找大人捣乱，想要引起大人注意。一旦次数多了，父母就很容易生气发火，大声训斥孩子，把孩子吓到。孩子就想：父母都这样，其他人更可怕，于是就形成了胆小怕事的性格，有任何困难都去找大人，不敢独立解决问题。

3. 父母能力太强

有的家长因为自己能力太强，不倾听孩子的心声，逼孩子听话，感觉孩子学不好、考不好，全都是他自己的问题，不观察孩子，不跟孩子沟通，经常给孩子下负面的判断。这让孩子把全部精力都放在服从父母身上，遇事没主意，把父母的看法和评价当成行动指南，根本没有独立的思考和独立的行动。

每个家长都希望自己的孩子有独立性，但大部分家长恰恰都做反了，没给孩子最基本的三个权利：**选择的权利、尝试的权利、犯错的权利**。

因为家长害怕，孩子选错了怎么办？做错了怎么办？总有一种"**只能赢，不能输**"的心态。就因为这样，才容易造成孩子一做事就想来求家长帮忙、依赖大人的情况。

时间一长，孩子在学习上有点困难，心里也会想：这题我自己做太累了，我要是说不会，妈妈就过来帮我，那样多轻松。这就是妈妈平常在陪学的时候太着急，总在第一时间给孩子想办法帮忙造成的。如果家长能抑制住自己内心急于想帮孩子的冲动，孩子就不会形成依赖的心理了。

　　甚至有的孩子一定要等到父母在身边才能学习和写作业。曾经有个妈妈找我咨询时就说过："我家孩子每次放学后就是一直玩，一定要等我有空了，能到书桌旁陪着他，他才能开始写作业……孩子学习上的依赖性这么强，该怎么办呢？"

　　要想让孩子在学习上学会独立，要帮助孩子做到这几点：

1. 让孩子懂责任

　　家长想帮孩子摆脱学习上的依赖心理，就一定要让孩子知道：学习是他自己的事。

　　怎样才能让孩子知道，学习是他自己的事呢？很简单，只要先做好一件事就可以：你作为家长，**一定要相信学习是孩子自己的事**。

　　无论孩子做什么事，你一定要做到不着急，如果什么事你都比孩子急，那就变成你的事，不是他的事了。比如，孩子上学迟到，如果你比他急，这事就不是他的事，就变成你的事了。学习上也是一样，不能孩子学习一有困难，父母马上就过去帮忙。所以，不要着急插手孩子的学习，把掌控感还给孩子，是让他自主学习的好方法。

　　孩子的独立意识和自理能力从小就要培养。尤其是家中有老人帮忙照顾孩子的，就要和老人沟通好，多从孩子成长、发展的角度去想问题。谁都疼自己家的孩子，老人可能呵护孩子更多，经常迁就、娇惯孩子，但锻炼孩子自理能力的目标要一致，从小事一点点做起，别急于求成，要允许孩子有变化的过程。

2. 给足孩子安全感

孩子依赖大人，很大原因是缺少安全感。安全感是从哪儿来的呢？首先是来自父母的，所以，父母平时要多抱抱他、亲亲他、跟他聊天，告诉他父母很爱他。当孩子遇到困难时鼓励他，告诉他不用怕，有爸爸妈妈在！

平时也要多陪孩子玩玩游戏、画画、听音乐、看电影，或者是一起看看书，锻炼孩子各方面的能力，等他能力变强的时候，就会充满自信，也就不会在学习上依赖大人了。做事足够自信的孩子，一定是因为有信心。另外，家长平时还要尽量控制自己的脾气，不要动不动就用吓唬的手段来管他。

3. 教孩子懂取舍

有选择，就能提高孩子的掌控感，减少依赖。父母可以让孩子从最简单的选择开始练习，把几个选项都摆出来，让孩子自己选。如吃水果，就问孩子："宝贝，你是吃香蕉呢，还是吃葡萄？"这样，孩子就有机会发现，自己到底要什么，也能自己做出决定。给孩子选择，父母就会轻松，他的依赖也就少了。少给孩子做"善后工作"，少用命令式的语气指挥孩子，父母和孩子应该是平等的。

平时要多锻炼孩子，在做决定的时候要果断，这是一种决策能力，父母要让孩子自己做独立的决策。

比如，周日全家要出去玩，都计划很长时间了，但这时候，孩子的同学又请他去家里参加自己的生日会。孩子就为难，他可能会希望你帮着拿主意，你该怎么办呢？

你就只负责问孩子问题，引导他思考就行："如果你去参加同学的生日会怎么样？不参加，又会怎么样？"我们要告诉孩子，每个决定都有有利的和不利的方面。不要替他拿主意，引导他自己去想，自己做的每个决定将会带来怎样的后果。让他学会自己权衡。

如果孩子能经常这样练习做决定，长大以后在面对进退两难的处境的时候，就会从容许多。

在亲子沟通上，家长要怎么做，孩子才能摆脱依赖心理呢？

有两件事不要做：**替代和责备**。

家长不要说：

快点，马上吃饭了，我帮你洗手。

你自己穿不好衣服，太慢了，我帮你穿吧！

怎么回事？你就不能认真计算？什么事都要我帮忙！

家长这样说，孩子的感受是这样的：

我本来想自己洗手的，为什么不让我洗？

我能穿好衣服，上次我就自己穿好了。

我可以自己做事的，很多事都能自己完成。

家长可以这么做：

把：快点，马上吃饭了，我帮你洗手。

改成：孩子，咱们的晚饭时间到了。你是现在去洗手，还是一分钟后再去洗？

把：你自己穿不好衣服，太慢了，我帮你穿吧！

改成：宝贝，你的第二个扣子扣得真快，一下就扣好了，妈妈很高兴。

把：怎么回事？你就不能认真计算？什么事都要我帮忙！

改成：这道题这么难啊，慢慢来，你努力做事的样子特别棒！很多事你都可以自己完成了。

我有个邻居，他家有个七岁的小男孩鹏鹏，出门从来不用妈妈操心，鹏鹏妈也不会总是对孩子大喊："慢点，看车！"很多时候，鹏鹏像小大人一样，拉着妈妈的手说："妈妈，我领着你，你跟我走。"一副生怕妈妈迷路的样子。去超市，鹏鹏也会帮妈妈挑商品、给建议，还帮妈妈拎东西。

我问鹏鹏妈："怎么做到让孩子不依赖你的呢？"鹏鹏妈说："我就是装傻、装弱呀，每次出门，我都说：'妈妈不认识回来的路，你回来时要给妈妈带路呀。'买东西我就说：'孩子，妈妈力气太小，拿不动了。'他就会帮我拿。回家后，我就对着孩子爸爸夸他：'鹏鹏真厉害，都是男子汉了。'"

我女儿上小学三年级的时候，有一次不小心把同桌的文具盒碰到地上，摔坏了。虽然同桌说没关系，但女儿觉得过意不去，回家后把这件事对我说了。

我拍拍女儿的肩膀，对她说："你能主动告诉爸爸，说明你是个好孩子。虽然人家说没关系，但我建议你给同桌买个新文具盒。别人的文具盒因为你坏了，我觉得你有责任帮别人买一个新的。买文具盒的钱，爸爸先帮你出，以后每个月从你的零花钱里扣两元，直到扣完为止，你愿意吗？"女儿高兴地点点头。

如今，十年过去了，我女儿去年考上了东南大学，这也是她一直对自己的学习负责任的结果。

最后，我们具体说说在写作业的问题上，父母应该怎么做，孩子才会减少依赖呢？

写作业这件事是孩子自己的事，家长哪怕能力再强，也不可能永远都帮孩子。小学你帮得了，初中不一定帮得了；初中帮得了，也不一定能帮到高中。

曾经有个孩子爸爸来找我咨询，说自己想锻炼孩子的责任心，不依赖大人。我跟他说："如果你真想锻炼孩子的责任心，总原则就两个字——'放手'。"

这位爸爸回家后就按照我说的做了。

他儿子每天的家庭作业，做完以后都要由家长签字。有一天，孩子的数学作业有道题非常简单：16-5=（　）。答案应该是 11。结果孩子看成了"16+5"，就把这道题写成了"16-5=21"。老师要家长签字，要批改的。他爸爸拿过来，看到孩子的这个错题了，根本就没管，直接签字了。

第二天老师检查作业，别的同学都做对了，就这孩子做错了。老师在他的作业上打了一个大叉，还在全班同学的面前批评了这孩子。

孩子觉得委屈，回来就跟爸爸说："爸爸，你怎么给我签字的啊？这么一个简单的题，你都不告诉我一下！'16-5'我看成'16+5'了，全班就我一个人做错了，老师还批评我了。"

爸爸回答说："我知道你这道题做错了。"孩子说："你知道我做错了，怎么不告诉我改过来呢？"爸爸说："儿子，老师只要我签字。签字是我的事，题做得正确与否，那是你的事。所以，以后我只是签字。对也好、错也好，都是你的事。你要想做对，自己多检查。咱俩分清责任，我的任务就是签字，你的任务就是做对作业。"

孩子发现爸爸"靠不住"，就开始认真检查，后来就变得越来越细心。一到考试的时候，那些平时都是家长指出来错误的同学，卷子做完后，没有细心检查的习惯。唯独这孩子，平时受爸爸训练，养成了认真检查的习惯，考试时，这个孩子没有因为粗心被扣过分。

孩子在成长中，逐渐接触各种简单的事、复杂的事，也可能遇到麻烦。这时候，你千万不要把孩子的事都揽过来，应该学会留空间给孩子。

要知道，每个孩子都有偷懒、依赖的心理，只是程度不同，家长不必过分担心。同时家长也要清楚，不要急于全都放手，因为孩子在心理上可能接受不了，要循序渐进。

愿你怀着满满的爱和凝视，帮助孩子独立成长。

小　结

1. 方法

怎么让孩子在学习上学会独立？

①让孩子懂责任。

②给足孩子安全感。

③教孩子懂取舍。

2. 话术

父母话术 1.7	
错误的话术 ×	**正确的话术 √**
快点，马上吃饭了，我帮你洗手。	孩子，咱们的晚饭时间到了。你是现在去洗手，还是一分钟后再去洗？
你自己穿不好衣服，太慢了，我帮你穿吧！	宝贝，你的第二个扣子扣得真快，一下就扣好了，妈妈很高兴。
怎么回事？你就不能认真计算？什么事都要我帮忙！	这道题这么难啊，慢慢来，你努力做事的样子特别棒！很多事你都可以自己完成了。
你怎么还没写完？我一会儿不看着就不行！	孩子，写作业是你自己的事，你要对自己的事负责。
你就不能对自己负点责任吗？	孩子，我对你的能力有信心。
为什么你不能对自己负责？总让我替你操心！	宝贝，我相信，你长大一定会成为一个对自己负责、对社会有用的人！
你去看着弟弟学习，好好教教他！	孩子，你帮弟弟复习功课，我感觉很欣慰！

1.8
孩子学习有抵触情绪怎么办？

近年来，孩子在学习上遇到挫折就有抵触对抗情绪，甚至自暴自弃的现象似乎越来越多了。

曾经有个妈妈咨询我，她儿子 10 岁，只要学习上遇到一点困难就哭。有一次他的语文考了 88 分，一听到分数他就哭了，说自己从来没考过这么低的分数，说他的分数不要在 90 分以下，永远不要低于 90 分……

孩子在学习上遇到困难就这样，怎么办呢？

其实，人的情绪管理能力，也就是我们通常说的情商，在我们生活中占的地位是与智商同等重要的。而我们常常重视孩子的智商，而轻视情商，经常对孩子说："你别哭，别乱发脾气。"

家长的这些期待，是脱离孩子年龄和大脑发育情况的，从孩子出生开始，产生、识别和调节情绪的杏仁核就基本发育成熟了，但分析、判断和控制情绪的前额叶，是大脑中发育成熟最晚的，一般要到 18 岁至 20 岁才基本发育成熟。所以孩子天生会哭闹，也总会在遇到困难的时候闹情绪，这是正常的。

一、培养抗逆力

家长把自己的经验拿出来，告诉孩子怎么学习、怎么写作业，可为什么孩子不肯听，还抗拒、发脾气呢？

这就要问个问题，在孩子的成长过程中，那些他走错的路、那些他犯过的错误到底有没有价值？

你想一下河流为什么不是直的呢？因为在它流淌的过程中，遇到障碍无法逾越时，就会绕道而行。

人的一生会有很多波峰和波谷，波峰是正面经验，波谷就是负面经验。而每一个"波谷"都能帮助我们容纳更充沛的水流，让生命之河变得更宽广。人生就是河流，每个障碍、每个弯路对我们都有着重要意义。

逆境能让我们内心激发出更强大的力量，这就是抗逆力，也叫心理弹性。

抗逆力是每个人都要努力具备的一种能力，它是人面对逆境时能够理性地做出正向的选择，找到合适的处理方法，能够让我们从"波谷"中弹回来的能力。

而孩子现在年龄还小，对未来的权衡不够清晰，自身的弹性和自制力也没发展成熟，这时你让孩子去独自面对错误或者困难，孩子就很难去应付。

就像刚才说到的那个男孩，语文考了 88 分就说："我从来没考过这么低的分数，我不要分数在 90 分以下，永远不要低于 90 分……"

其实我们要体察到这话背后孩子的心理，他嘴上说的是为这次的成绩不好而难过，实际上他心里真正害怕的是：以后的成绩会不会越来越差，一直差下去。他潜意识里对这件事做出了永久性推断，这其实是以偏概全。当父母了解到这些，第一反应就不会是操心这孩子怎么这样，遇到点事就闹脾气、玻璃心，而是理解孩子，发现孩子言语和行为背后的情绪，用语言和拥抱去安抚他。

二、建立心流

当孩子的挫败感来临，有抵触情绪时，家长该怎么办呢？答案就是给孩子建立心流体验。

可不可以去帮助他压制和否定挫败感，将挫败感抛得远远的呢？例如："没什么大不了的，这点小事不值得难过，有什么可哭的？"这种压制否定、取悦附和的方式不仅没用，而且会带来麻烦。

因为这些方式的共同点，就是不认同孩子的这份挫败感，父母用自己熟悉的办法试图赶跑它、掩饰它。这样做，挫败感不会得到及时的处理，而是被压抑到潜意识层面。以后再碰到类似问题，孩子就总是会感到无能、想逃避。

所以，真正给孩子的心理带来打击的，常常不是事情没做好而产生的挫败感，而是孩子对挫败的不认可导致的对自身的不认可。

挫败感是一种特别重要的情感，是我们很渴望得到一个结果却未能如愿时所体会到的情感。当我们对这份挫败感有觉察时，一定能够找到挫败感下面藏着的我们渴望得到的力量。

当孩子有挫败感时，父母如果急于保护孩子，让他远离、逃避挫败，就会剥夺孩子通过努力并成功之后产生的征服感的机会，他也没办法体会到心流状态。

心流，是积极心理学里的重要概念，是指那种将个人的精力完全投注在某种活动上的感觉。在这种感觉下，个体的潜能得到巨大发挥，内心会体会到巨大的充足感与幸福感。

跨越挫折是心流产生的重要因素，当挫折感来临，我们不但不能去压制和掩盖，而且要接纳它，这样我们才能找到方法克服，才能在完成任务时体验到征服感，形成真正的信心。

三、跨越挫折的"情绪三明治法"

要知道，让孩子独自战胜困难、跨越挫折是很难的，在前期需要父母的协助，当孩子能觉察自己的情绪，并找到克服困难、进入心流的方法，一切就水到渠成了。

下面就来说说帮助孩子跨越挫折的"情绪三明治法"。

第一步是谈情。就是认同孩子当前的情绪，共情孩子的这种情绪。这时要让孩子说出他遇到困难情绪低落，很沮丧，让他觉察到内在的无力感受，然后让他静静地和自己的这种情绪待一会儿，不要急于让孩子从消极情绪中走出来。

当孩子的情绪被接纳、得以表达后，情绪就会流动起来，并慢慢平复下来，这时他内心想要做得更好的决心就会渐渐冒出来。

还是之前的例子，家长可以这样说："你考了90分以下不开心，你担心以后考得越来越差，是这样吗？"说这句话，是为了认同或者是确认孩子的感受。

孩子可能会说："是。"我们可以说："我能理解你的担心和难过，我陪你待一会儿，等你平静下来，我要告诉你一个秘密：错误有什么意义。"过一会儿，你可以跟孩子讲河流的故事，然后问他："这次考试不如意，在你的一生中有什么重要的意义？你期待这个卷子给你的提示是什么呢？是单词不熟、阅读理解错了，还是检查没到位呢？平时学习时，你很难发现自己有什么不足，这张卷子一定能给你提示，所以做错题有的时候比做正确还要宝贵。"

你猜孩子能信吗？他很可能不信。他认为考高分才是最好的。所以，我们说到这儿就够了，只要把这颗种子埋下去，不需要说服他立刻相信。我们只需要首先确认孩子的感受，再给孩子埋下一颗引导认知方向的种子就可以。我们只需要把孩子的注意力从分数转移到具体的错误上，让他不再纠结和抵触分数。

从小学到高中，那么多考试，每次出现的错误对孩子来讲都很重要，都能让他成长。家长要做的是改变孩子对错误、困难的态度。当他态度改变了，那他面对这个困难，情绪就会变化，行动也会跟着变化，这样孩子就不怕输，就会输得起。

想培养孩子的抗逆力，不是要在生活中有意地制造困难、创造挫折来让孩子面对，而是抓住生活中每一个小小的错误，对孩子进行认知引导，让他看到错误的意义，帮他找到方法解决困难。这样的话，孩子内在的抗逆力就会得到激发，从而爆发出力量。

第二步是说爱。要看到孩子内在的力量和以往成功的经验，让孩子自我的力量更强大。可以跟孩子说："我看到你真的很用心、想做好，上星期我还看到你在写语文作业之前，认真背诵了课文，写出了重点词语和句子，我欣赏你这种学习的态度。"根据孩子的实际情况，说出他的学习成效，孩子内心就会体会到力量感。

第三步是讲理。找到原因，找到方法，和孩子一起探讨。这次有哪些问题疏忽了，下次可以在哪些方面提高。探讨完这些问题，孩子的思路有可能会打开，他不但不再沮丧和挫败，而且充满斗志和力量。他会恨不得赶快参加下一次考试来检验自己努力的效果。

我再举个例子，曾经有个妈妈和我说："孩子所在的学校学拼音的速度非常快，一个月就把拼音讲完了。我家孩子以前没学过拼音，根本跟不上，现在孩子一看到拼音就哭、不爱学，这可怎么办？"

我就给她说了"情绪三明治法"。

第一步谈情。我们先对孩子的挫败感进行接纳，可以说："刚读三个就哭了，是因为看到那么多拼音，觉得很发愁是吗？我理解你的感受，学了快一个月，但还是不能完全达到老师的要求，你现在想着快快学会是吧？"家长这样说，会让孩子觉得自己被理解了。

第二步说爱。可以接着说出孩子心中想要学会的想法和他的进步："我看到你真的很想学会拼音，付出了那么多的心思和时间，咱们看看你都学会了什么吧。把你学会的都说出来。比如，我看到 b 和 d 你都学会了，这两个声母你都知道怎么用了，这是很大的进步，而且拼音也拼得到位……"要让孩子看到自己的进步，产生力量感。

第三步讲理。跟孩子一起找到办法，战胜挫折才是最重要的。但不能孩子一哭你就立刻用讲理的方法，直接给他建议和方法。那样是没用的，因为孩子这时候有消极情绪，你这时说他听不进去，一定要先用完前两步方法才有用。

孩子的负面情绪用恰当的方式发泄出来，让动机冒出来，而且让孩子看到自己成功的部分，他体会到力量感时，再跟他说："来，宝贝，咱们来看看，现在还有哪些难点，或者哪几个音还要再练练。"

家长跟他一起找到问题，然后有针对性地练习。这样每练一段时间，就可以去总结看看，又学会了几个难点，哪些部分又提高了。当孩子终于练会拼音时，他的内心才会有做成一件事的征服感，才会有心流体验。

最后再来说说，孩子在学习上有抵触情绪，我们具体可以怎么沟通呢？

1. 建立边界

一位爸爸在跟我咨询时说："孩子性格不太好，好多时候你一说他比你还急。有一次晚上八点多，我帮孩子检查作业，孩子就直接发火说：'我为什么要把作业拿给你检查，我自己检查就行了。'"这位爸爸说的时候还余怒未消。

我问这位爸爸："你内心允许孩子这样跟你讲话吗？"他说："当然不允许。"我再问他："你当时是怎么回应你儿子的？"这位爸爸回答："我就对孩子说：'你自己不爱写作业，还好意思跟我吼！'"

我又对这位爸爸说："你内心不允许孩子吼，但是你的行为反而激发了孩子对你吼。在孩子的学习问题上，你是引领者，他是被引领者，这个时候他情绪不好对你发火，你应该看到他的情绪，并且看到他情绪下面隐藏的需求，引导他将这些情感和需求讲出来。你要像镜子一样映射给孩子，要让他看到自己，这样才能引领他走出来。"

我接着说："你可以对孩子说：'我看到你很生气，不想让我检查，想自己负责，这很好。'"

孩子这样就能意识到自己生气的原因是不想让爸爸检查作业，而想自己检查，让他明白自己的需求。通过对孩子情感的映射，让孩子觉察到自己真实的需求。

然后，爸爸要把自己的界限明确地告诉他："你这样大声吼爸爸，这是不允许的，我很不舒服，感觉没被尊重。下次你表达想法前，请你想一想，我希望你能够用尊重的口吻说话，希望我们家里的每个人都能够彼此尊重，彼此照顾对方的感受。"

当爸爸提出这个界限时，一定要讲清楚界限的内在要求是什么，界限是不能用吼的方式来对待彼此，而是要尊重彼此。

最后，爸爸可以说："为了保证你能早点睡觉，今天作业必须由我检查。爸爸也知道了，你想自己检查作业，明天放学，我们再来讨论和解决这个问题，商量有什么办法能够让你管好你自己的作业。等讨论并确定了方法以后，爸爸就可以放心地让你自己来管了。"

父母既要在建立界限的过程中看到孩子的需求，满足孩子的需求，又要做到坚持界限，并在两者之间找到平衡。

2. 非语言信息

"55387"定律是什么？"55387"指的是说话沟通中的三大影响因素。其中55%是外在仪表、仪态、行为，38%是说话时的语音、语调、语气，而说话的内容本身只占7%。家长要善用非语言信息和孩子沟通。

我女儿一位同学的爸爸，对孩子的学习特别上心，要求也严格，然而，他感觉孩子总是抵触自己。

他是怎么辅导孩子的呢？比如，孩子在写作业，他就坐在旁边紧盯着，随时提醒孩子："背挺直，怎么又塌下去了？……别分神！不要溜号！"孩子哭着说："爸爸，我不想写作业了。"爸爸板起脸："如果你总是这样三分钟热度，那你以后什么事情都做不好！"孩子的抵触情绪越来越重了。

这位爸爸实在没办法，找到我求助。我对他说："你可以使用非语言信息试着跟孩子沟通，并且把这些方式以及这些方式的功效记下来。"

我给他说了以下几个方面：

表情： 传递你内在的态度。

抚摩： 满足孩子渴求关注的心理需求。

拥抱： 给孩子更多安全感和温暖。

亲吻： 让孩子感受到你的开心和快乐。

握手：传递你坚定的力量。

点头：给孩子传递认可和鼓励。

微笑：给孩子传递默许和包容。

眼神：向孩子表明你是默许、支持，或者是反对。

家长用嘴巴告诉孩子的经验，即使再正确，孩子如果不听，也是无效的沟通。

非常神奇的是，自从这位爸爸多用非语言信息和孩子沟通之后，孩子对他的抵触情绪缓和了很多，这位爸爸也慢慢总结出了跟孩子更好地沟通的方法。

小　结

1. 方法

"情绪三明治法"

①谈情。

②说爱。

③讲理。

2. 话术

①建立边界。

②非语言信息。

父母话术 1.8	
错误的话术 ×	**正确的话术 √**
你哭什么呀，都三年级了，还遇到点事就哭，以后长大能有什么出息！	你考了 90 分以下不开心，你担心以后考得越来越差，是这样吗？
这 10 个单词必须背下来，背不下来今天就别睡觉了。	宝贝，这 10 个单词哪一个最好背就背哪个，然后可以休息一下，再考虑一下怎么完成。
我告诉你，再困也要把作业写完，不爱写也得写！	孩子，我看到你现在很困……现在还剩多少作业没写呢？跟我说说吧。
你敢不背课文，我就把你赶出去，你再也别回这个家！	这篇课文有六段啊，我刚才看到你已经把两段最难的背下来了。
我连工作都不要了，就为了能在家陪你好好学习，你数学就学成这样！	宝贝，你知道吗？数学是一个有关思维的学科，分具象思维、形象思维和抽象思维，我小时候根本就分不清这三种思维。
人家为什么都能好好学习，就你不能学？	每个人都有自己的优点和缺点，孩子，无论是优点还是缺点，都是每个人的特点，你的特点是什么啊？
就你这学习态度，永远考不上大学！	我小时候和你一样，有的时候也会特别烦学习，甚至想把作业本都撕了。如果你感觉这些题实在太难，就去玩一会儿，休息 10 分钟吧。

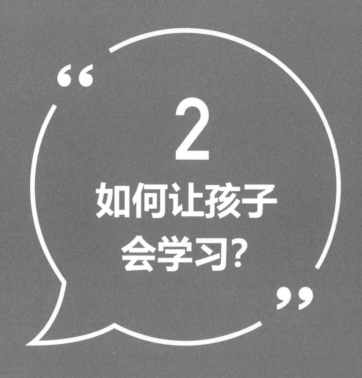

2

如何让孩子
会学习？

——引导学习行为

2.1
如何引导孩子的学习行为？

有一个二年级的小女孩，学习习惯非常糟糕，常常不按时写完作业，甚至忘记在作业本上写自己的名字。这让孩子的妈妈十分着急。

有一天，妈妈帮女儿收拾书包，发现女儿的一本作业本连名字都没写。妈妈忍不住问："宝贝，这是作业本还是练习册？"孩子说："作业本啊。"妈妈问："你不写名字，老师怎么知道这是你的作业本？"孩子说："全班就我的字写得最难看，老师一看就知道是我的。"

这让妈妈非常担心，因为一个孩子的学习行为习惯很大程度上决定了她未来的学习成绩。

那么，如何让孩子意识到自己的学习行为需要改变？

学习行为的改变需要哪些关键步骤？如何确保这些步骤的有效性？

如何帮助孩子建立良好的学习习惯？

介绍一个非常重要的行为模型——**福格行为模型**，它能让你对人的行为有更深入的理解。

B = MAP，意思就是：行为 = 动机 × 能力 × 提示。即行为的发生，需要动机、能力和提示三大要素共同作用。

M（Motivation）代表动机，指的是做出行为的欲望，是行为产生的起点，因为动机越强，行为就越有可能做到。

A（Ability）代表能力，指某个行为的可执行性，它是行为产生的许可条件，因为能力越强或行为越容易，就越有可能养成习惯。

P（Prompt）代表提示，指提醒你做出行为的信号，没有提示，行为也很难发生。

1. 行为 = 动机 × 能力 × 提示

只有当动机足够强大、能力足以胜任并且有合适的提示出现时，我们才会做出某个行为。

我们想做一件事的时候，总是特别看重动机，觉得只要有强大的动机，就可以去学习、运动、减肥、早起……但实际情况是，老是做不到。

福格说："动机是最不可靠的！它总是变来变去，无法预测，我们很难帮孩子在'动机'方面做出主观上的努力。"

没错，动机越强越好，动机强的时候，我们常常能做到平时做不到的事，但实际情况是：动机会随着时间的推移变得薄弱，甚至消退。比如，你要好好学习、提升自己，计划每天早上 5 点钟起床开始读书学习，刚开始还行，可越往后就越难了。

这个动机是好的，但它也是不可控的。所以，绝大多数时候，我们需要在能力和提示方面花心思，才能做成某件事。

其实，能力是最重要的，因为它会决定孩子的行为是不是能够持续。

父母需要思考：目前这件事对孩子来说是不是太难了？难在哪里？可以帮忙降低具体行为的难度吗？比如学习，目前每天学习英语 1 小时，对孩子来说太难了，但学 20 分钟孩子是能做到的，那就先从学 20 分钟开始。

下一步，我们就要找到孩子的黄金行为。

2. 找到孩子的黄金行为

什么是黄金行为呢？就是哪怕孩子的动机水平很低、意志力很弱的时候，也能做到的最小的行为。

比如说，学习 20 分钟英语，孩子如果能比较轻松地做到，这就是孩子的黄金行为。

当我们想做到某件事的时候，比如好好学习、坚持锻炼身体、改善睡眠质量，我们常常以为自己能直接做到这件事，但这种想法是不对的。

就拿帮孩子学好英语为例，我们需要做一系列准备工作：拿出英语书，复习老师今天讲的单词和语法，熟记 20 个单词，背诵英语课文……

当我们想要帮孩子达到某个目标，就需要去思考，有哪些具体的行为对这件事有帮助。把能想到的全部都列出来，然后选择其中对结果有帮助，并且孩子比较容易做到的，坚持执行。

这些行为越具体越好，越容易执行越好，这些都是孩子的黄金行为。

从福格行为模型的角度来说，能力是维持习惯最可靠的要素，它是让我们处于有利位置的绝佳选择。如果一个行为做起来困难，就要让它变得更容易做到。你会发现，无论动机如何改变，能力都会变得更强，这会让孩子渐渐养成非常牢固的习惯。

3. 让行为变得微小，让事情更容易

真的不要担心让孩子学习 20 分钟、背两个单词这样的小目标是不是对孩子要求太低，随着一次又一次完成这些容易的事情，孩子的能力会越来越

强，很快就能学习 1 小时、背诵 10 个单词。到那时候，学英语对孩子来说也会变成容易的事情。

只做容易做到的事情，循序渐进，能力就会得到提升。到时候，即使动机水平一般，孩子也可以轻易做到之前做不到的事情，实现最终目标。

福格把这个称为"入门步骤"。比如，想要养成每天走路 1000 米的习惯，可以这样告诉自己：我不必真的去走路，我只要穿上运动鞋就好了；想养成每天做早饭的习惯，可以先从每天起床后打开燃气灶开始，不用真的做饭，哪怕关掉也没关系。

别小看入门步骤，开启这个小动作需要的动机水平和能力水平都极低，只要坚持下来，就可以很快养成跑步和做早饭的习惯。

以前我们习惯于在做不到某件事的时候，拼命给自己打气，希望说服自己去做。我们总是从动机的角度着手，强迫自己去做一些有一定难度的、让自己感到畏惧的事情。我们觉得要想达成自己的目标，当然要挑战自我，要对自己有一定的要求。

福格行为模型指出，不要管动机，我们对动机是做不了什么的，最可靠的切入点是能力。

如果我们想实现某个目标，就找到我们能做的所有有效行为，并且确保它们都是非常容易执行的，也就是"黄金行为"。

只做容易做的事情，这样其实就可以达成我们想要的改变。而且这个过程很轻松、很快乐，特别有成就感，我们完全不会害怕、不会排斥。

回到开篇的例子，妈妈怎么帮孩子改变行为呢？就从黄金行为和提示这两个方向开始入手。

妈妈从第二天开始，只要看到孩子写完的作业，就去寻找优点，例如："宝贝你今天有进步，这个字写得好。"实在找不到写得好的字，就夸孩子的笔画有写得好的："你看这横写得直，竖写得好看。"

过了两个月，有天孩子说："老师让报课后班，有弹琴、书法和画画。"妈妈就问："你觉得哪个有意思？"孩子想了一下："别的我不知道，我就觉得写字挺有意思的，你先给我报个书法班吧。"

你看，孩子的好行为和兴趣是怎么产生的？就是人主观的需求投射到客观的一件事上，在这个过程中反复建立连接，就形成了兴趣。

这就是福格行为模型的正向循环：我越爱它，就越愿意去做，就做得越好；做得越好，就会带给我兴奋的感觉，我就越自信。别的事我虽然没做，但我在这里得到了自信，它会带给我一种勇气，这种勇气会帮我迁移到其他方面，去完成那些没做过的事、需要做的事。

最后，我们再来说说在语言上怎么帮助孩子建立和持续好行为。

接纳孩子的情绪，给他选择的主动权。

每个个体都有一种天性，就是做自己想做的事，自主决定自己做事的方式和节奏。当孩子可以自己做决定的时候，他的潜能就会得到最大限度的发挥。

比如，有一个妈妈跟我说："我儿子六年级了，学习的时候总爱溜号，没有自律性，总是要我提醒他，因为这事，不知跟他发过多少脾气了，我儿子也很自责自己爱走神。"

有一天，她儿子对她说："妈妈，我自己管不住自己，不知道怎么就愣神了。妈妈，你要看住我，盯住我啊。"

我就跟这位妈妈说："你要看到孩子的自主性展现，他是想要控制自己的注意力的，而且他还找到了一个办法，就是请你来帮他。"

我接着告诉这位妈妈可以接着孩子的话说："孩子，你说的这句话很重要，你主动发现了自己走神，而且你主动想办法让妈妈来帮你，以前你可能还做不到这样，所以妈妈发现你今年不一样了，你开始主动想办法了。来，你跟妈妈讲讲，你希望妈妈怎么帮你？是想妈妈坐你旁边，发现你走神的时候就提醒你，还是希望妈妈通过其他什么方法来帮你，咱们一起来想办法。"

孩子能够自主决定，心中就有主动的力量，所以你会发现，当你把决定权交到孩子手里，让孩子看到他自身自主的力量，能够自主决定的力量，孩子就会爱学习，就会发自内心地想办法让自己学得更好。

父母还可以使用下面三种沟通方式：

1. 直接描述

错误沟通：说过多少遍了，每个单词要背 10 遍！你这样学习不是白学吗？

高效沟通：孩子，你背单词的时候，背完一个就默写一遍，看是不是记牢了。

父母的指责会引发孩子的对抗情绪，直接描述问题，自然就能激发孩子解决问题的动力。

2. 替代方案

错误沟通：你再马马虎虎地学习，我就罚你一个单词写 100 遍！

高效沟通：宝贝，写作业不能只看速度，还要检查对错，你可以每写完一个，就用手指指着，一边读一边检查。

很多时候，孩子不是故意犯错，他只是不知道怎么做更有效率。父母要给孩子替代方案，告诉孩子怎么做是合适的，孩子自然会放弃不当的做法。

3. 先说容易的

错误沟通：*快点看课文！都9点多了，你太磨蹭了！*

高效沟通：宝贝，别着急，你先读一下最简单的这一段，看看是什么意思。

父母越催促，孩子越拖拉，拖拉的原因可能是那件事有难度，他需要时间去一点点摸索。父母可以帮孩子从更容易、更感兴趣的事情入手，用询问的表达方式激发孩子的主动性，孩子会更愿意配合。

如果家长学会了**"直接描述""替代方案"**和**"先说容易的"**这三个沟通技巧，就能一箭双雕。既能让自己在改变孩子行为的时候不生气、不发火，又能让孩子在学习行为上有翻天覆地的改观。

请你一定要记得：**行为 = 动机 × 能力 × 提示**。

最后，送你六个字："慢慢来，会更快！"

小　结

1. 方法

福格行为模型： $B = MAP$

B：行为

M：动机

A：能力

P：提示

行为 = 动机 × 能力 × 提示

2. 话术

①直接描述。

②替代方案。

③先说容易的。

父母话术 2.1	
错误的话术 ×	**正确的话术 √**
说过多少遍了，每个单词要背 10 遍！你这样学习不是白学吗？	孩子，你背单词的时候，背完一个就默写一遍，看是不是记牢了。
你再马马虎虎地学习，我就罚你一个单词写 100 遍！	宝贝，写作业不能只看速度，还要检查对错，你可以每写完一个，就用手指指着，一边读一边检查。
快点看课文！都 9 点多了，你太磨蹭了！	宝贝，别着急，你先读一下最简单的这一段，看看是什么意思。
你写作业发什么呆啊？还不快写！	我看到你做这道数学题的时候卡住不动了，是遇到什么困难了吗？来跟妈妈说说。
你都不知道课文的意思，背它有什么用，这就是瞎耽误工夫。	宝贝，我小时候背课文是全班背得最快的，当时可骄傲了。可是用不了几天我就忘记了，因为我根本不知道课文写的是什么意思。
每次写作业前都玩一个小时，这样还能写好作业吗？早都玩疯了！	孩子，你是不是在学校学习太累了？我看到你每次放学回家都玩得特别尽兴，是不是在学校没有时间玩？
你坐那儿半小时了，一个字也不写，这样什么时候能写完作业？	宝贝，今天的作业都有什么呢？你可以选一个最简单的，先写五分钟，不要想别的。

2.2
孩子玩手机不学习怎么办？

真是爱也手机、恨也手机。

爱是因为，很多家长把手机当成"看娃神器"，想让孩子消停一会儿，只要把手机给孩子，孩子就不闹了。

恨是因为，家长想让孩子学习、写作业了，可孩子已经玩上瘾，不愿意把手机放下了。

有位来找我咨询的妈妈说："孩子上六年级，沉迷于手机三年多了，放学回家做的第一件事就是玩手机，一玩就是几个小时，喊他做作业、吃饭，喊了好几遍，都是'哦哦''嗯嗯'应付两声。"

有天晚上，这位妈妈实在忍不了，抢过手机，摔得稀烂，还打了儿子一耳光。孩子离家出走，在外面过了一夜，全家闹得鸡飞狗跳，人心惶惶。

等把孩子找回来后，虽然前几天孩子都不敢提要玩手机，然而过了一周，孩子还是想方设法地偷偷玩，有一次甚至把同学的手机带回家，晚上在被窝里玩。

这位家长真的很头疼，不知道该怎么管才行。

当时我就跟她聊，孩子沉迷于手机的确会带来很大危害，我们只有清楚孩子爱玩手机的原因，才能更好地帮孩子放下手机，回归生活和学习。

下面我们就一个个来说。

孩子沉迷于手机，的确会产生很多问题。比如，孩子不爱学习了，学习没动力、易分心；对真实而丰富的现实世界不怎么好奇了，对运动、户外活动都提不起兴趣；虚拟世界代替了现实中的社交，社交意愿和能力都变低……但我们也不得不面对这样一个事实——我们不可逆地进入了网络时代、智能时代，孩子们以后都将与手机、网络深度打交道。

其实，网络也不是洪水猛兽，孩子沉迷于手机，我们首先要了解这背后的原因，了解他们从中获得了怎样的心理满足，之后我们才能更好地引导孩子如何使用网络，让网络为孩子的成长助力。

到底是什么原因，让孩子放不下手机呢？

大概有以下五点原因：

1. 孩子觉得孤独、无聊，没人陪伴

很多孩子现在都是自己一个人玩，玩具再多也有玩腻的时候，加上家长忽视了对孩子的陪伴，孩子产生了孤独感，只能让手机来陪自己。

2. 大人图清静，让孩子玩手机

有的家长为了让孩子安静，主动给孩子手机玩，一部手机就让孩子乖乖的。这时候的孩子就像得到了暗示一样：爸妈没空陪我的时候，就可以玩手机了。

3. 孩子要手机时，父母没有正确回应

家长有权决定是否给孩子玩手机，一旦考虑好了就应该坚决执行，什么情况下可以玩，什么情况下不能玩。

不能为了激励孩子完成大人交代的任务或者写完作业，就用玩手机作为完成任务或写完作业的奖励。

4. 缺乏有秩序的作息安排

家长有时候没有合理地安排好孩子放学后的时间，或者家里人各做各的，很容易让孩子在某个时间段无事可做，这样孩子就会想到看电视、吃零食或玩游戏。

5. 父母在家频繁用手机

孩子模仿能力非常强，如果家长常在家玩手机、打游戏，孩子也会对手机产生兴趣，并希望从手机中获得满足。

接下来，我们就来说说怎样帮孩子更好地使用手机。

首先，家长一定不能禁止孩子使用手机！你越禁止，孩子越去做。

一味禁止，只会让亲子关系变成一场权力争夺战。

看看下述这样的对话。

妈妈：别玩了，把手机放下！

孩子：我不要！

妈妈：我是你妈，我说了算！你必须听我的！

孩子：我也有自主做决定的权利！

当父母命令或者强迫孩子做事情，就会导致权力之争。孩子拥有独立的人格，也有自己的需求，为了反抗，他就会拖延，也会越来越叛逆。

一味禁止，反而是一种诱惑。

你越是禁止孩子使用手机，孩子对手机就会有越大的兴趣和关注。他会千方百计地把手机搞到手，争分夺秒地玩，对手机的渴望也会更深。

完全把手机与孩子隔绝开，并不实际。

即使学校和家里都禁止使用手机，孩子也可能从同学那里接触到手机。即使你今天严防死守，看住了手机，下一个智能产品你还能防住吗？

前提：打造良好的亲子关系。

手机之所以会吸引孩子，往往是因为孩子在现实生活中有很多需求得不到满足，尤其是渴望爱和陪伴的需求。所以，父母要先从家庭环境和亲子关系入手，改变陪伴孩子的方式，用爱填满孩子内心的空虚。

在亲子关系里，任何小事都会引起孩子的逃避心理甚至是逆反心理，进而去手机里寻找快乐。禁止使用手机，在孩子看来是专制、霸道和打压，孩子根本感觉不到是为他好。

原则：堵不如疏。

想要让孩子不沉迷于手机游戏，家长要记住一个原则：堵不如疏。家长正确的解决路径是：先疏导孩子有效地使用手机，让孩子合理分配使用手机与学习的时间。

四大方法让孩子放下手机：

1. 约定时间，有效提醒

规则一定是由家长和孩子协商制定，也是要一起遵守的。比如，使用手机前把作业写完、收拾好玩具、帮妈妈打扫家里的卫生等；又如，吃饭时、睡觉前、走路时不能使用手机；再如，每天使用手机不能超过半小时，也可以规定按时归还，如果没按时归还，下次就不能使用或者减少使用的时间。

家长也不要对孩子重复说"别玩了，把手机放下"或者"再玩，我就把手机没收"这类威胁性的语言。

要给孩子一个有效的提醒，可以使用计时器，可以在约定的时间快到之前，对孩子说"还有五分钟就到时间了"。也可以把约定做成一张漂亮的契约，贴在墙上，必要的时候拿下来，在孩子面前晃一晃。这些小方法，都能避免我们用威胁性的语言来激化矛盾。

家长不能破坏规矩。比如，孩子看动画片，和孩子约定时间，等时间到了，孩子却要把这一集看完。如果你同意，就会打破规则；如果不同意，孩子一定会哭闹。然后，你就妥协了，让原本就难以执行的约定变得更加无效了。

对于小一点的孩子，不要用时间做约定，看动画片用集数约定、玩游戏用局数约定更合理。他哭闹，家长可以什么都不说，安静地在旁边陪着他、抱抱他，直到他情绪平复。这样做一两次，孩子就会知道，在这件事上，除了遵守约定没有别的选择。

2. 用其他游戏分散精力

给孩子多一些走向真实世界的体验，培养一些健康的兴趣爱好。比如，让孩子参加一些兴趣课程，也可以让孩子去参与一些更有意义的户外活动，让他感受到生活的乐趣。

孩子都喜欢到大自然中去，去看那里的动物、山山水水、花花草草。

而且，孩子更愿意跟伙伴一起玩，家长可以让孩子尝试社交活动，比如鼓励他与同龄朋友一起玩，鼓励孩子与他人互动。

"父母就是孩子最好的玩伴"，家长有时间也可以和孩子一起玩家庭游戏，给孩子讲有趣的故事，陪孩子画画，或者带孩子散步、去游乐场。

3. 把危机变成转机

在当下，让孩子完全不碰电子产品是不可能的，既然没办法回避，家长可以把危机变成转机。

就像开篇讲的那个小男孩，恨不得一整天都在讨论游戏，孩子妈妈问我怎么办，我就说："培养孩子能力的机会来了。"

我让这位妈妈先和孩子学习怎么打游戏，升级包是什么，武器是什么……多了解这些，和孩子就有共同话题了。我又让这位妈妈问孩子，玩这个游戏的目标是什么。他说是想打败某某同学。我让这位妈妈再问孩子：如果你战胜了那位同学，有什么打算？孩子说不知道。

你看，孩子最开始玩游戏的目的很单纯，就为了"炫耀"，他会想尽一切办法，让自己获得关注和肯定。

于是，我让这位妈妈和孩子一起想了很多能赢得胜利的方法，他们足足写了 20 条，并一起讨论哪些可行、哪些不太可行，接着，他们又一起标注了实施顺序。其中还有一条规则，就是每天在写完作业的前提下，可以玩两局作为训练。

除此之外，我还让这位妈妈给孩子找了这个游戏创始人的资料，和孩子分享了他的励志故事。没想到的是，这个故事，变成他向同学炫耀的资本了。孩子的目的达到了，玩游戏本身倒似乎不重要了。

我们要善于引导孩子树立目标，并学会为达到目标做计划。在这个案例中，孩子学到了，创造一款游戏是需要学习和努力的。虽然这样解决问题会花费些时间和精力，但收益还是很大的。

4. 给孩子树立榜样

如果父母总在孩子面前看手机，孩子就会好奇，为什么爸妈总拿着看？这就引起了他的注意，他自然就会模仿父母。

父母在家时要用行为影响孩子，尽量把手机放一边，专心陪孩子学习和玩耍，用健康的活动和生活方式填满孩子的生活。

最后咱们来说说，如何跟孩子正确沟通，孩子才能放下手机。这里有四个步骤，缺一不可：**精准回应，认识自己，掌控自己，得到成长**。

（1）精准回应

孩子玩的不是手机，而是寂寞。"精准回应"极其重要，即使是大人，如果对方没有回应或不及时回应，他的情绪也会有很大波动，何况是孩子？如果孩子获得回应的次数少、质量低，这就更容易让孩子躲进虚拟世界中。

有一个故事，一个三岁的小男孩在一间黑屋子里大叫："阿姨，和我说话吧，我害怕，这里太黑了。"阿姨回应说："这有什么用，你又看不到我。"男孩回答："没关系，有人说话就带来了光。"

很多父母应该改进回应孩子的方式，比如孩子说："妈妈，我想去游乐场玩。"妈妈很可能会说："你作业做完了吗？"这就让孩子有种极大的落差感，这种无法同频的语言，导致孩子得不到精准回应，和父母渐行渐远。当孩子兴奋的时候，正确的回应应该是和孩子一样兴奋，甚至比孩子更兴奋，这样孩子才会觉得跟你聊天有意思，他才会越来越多地跟你交流。

你会发现，孩子大了之后，你很难再去吸引孩子的注意力了。很多父母和孩子在一起经常就把天聊"死"了，为什么孩子会觉得跟你聊天是一件那么无趣的事，讲一会儿就觉得讲不下去？因为很多父母连基本的与孩子同频都做不到，更多时候不仅不会增加孩子和他们交流的欲望，还会直接扼杀这种欲望。

当孩子跟你有了几次这样的沟通之后，他对你的回应就会失望，不愿意再跟你讲了。当他内心的苦闷和压力不能被你看见，他就没有足够多的途径去释放，就更容易一头扎进虚拟世界中。

智慧的父母就像一面精准的镜子，能回应孩子当下所呈现的感受。当然这很难，尤其父母自己也处在疲惫、烦躁的状态中的时候，会习惯性地敷衍或忽视，甚至泼冷水。

高品质的陪伴里没有控制，也没有讲大道理。高品质的陪伴，是在孩子有情绪、有需要的时候，承载他的情绪、感知他的情绪，同时能够帮助他表达出这些感受。

如果你的孩子在 10 岁之前——这个阶段的孩子对你还是有很深的依恋的，他还不会对父母轻易地感到绝望，只要你现在开始意识到这个问题，多陪孩子玩耍、游戏，孩子大概率不会沉迷于手机游戏。

面对大一点的孩子，如果你们的关系已经有了裂痕，你和孩子说："我们来聊一聊。"孩子一定不会买你的账，因为你们彼此已经积累了太多次的不信任，这些失望已经堆积很多了。失望久了，彼此就会疏远。

在过去的经验中，孩子已经形成了对你们互动的预期，预期基本都是不太愉快的感受。这时候你突然过来和孩子同频，孩子是不会马上不计前嫌地就接受你的。

家长和孩子间的关系就是：当我们彼此能感受到连接时，我们才互相存在。

等到家长能回应孩子的感受，孩子的感受被确认，家长和孩子之间才能感应到彼此的存在。如果家长总是能及时而精准地给孩子回应，就是非常迷人、非常美好的关系。在这样的亲子关系里成长的孩子，不太会有心理上的缺陷，也不太会出现玩手机上瘾等行为。

改变一个惯性的行为，要有力量做支撑。这个力量就是"**看见爱，回应爱**"。

家长要通过更多的看见、接纳、回应来给予孩子更多的力量，这才是孩子真正需要的支持。这是父母真正需要学习的地方，也能让孩子更多地去感受到自己的价值和存在。

对孩子来说，无回应之地即绝境，孩子小时候获得回应的次数和质量，影响了孩子的未来，甚至整个人生。

精准回应的语言包括：

孩子，你玩游戏是因为同学都在玩吗？

宝贝，这是第几关啊？怎么上面还有一个小人跑来跑去的。

我看到，你刚才紧张得都跳起来了，这个游戏可一点都不能马虎。

哎呀，太不容易了，打了半小时，终于过关了！

当你能精准回应孩子，你就可以试着做第二步了。

（2）认识自己

"妈妈知道，爱打游戏说明你有好奇心，有好奇心的孩子非常棒。"

你要跟孩子说，玩游戏不是他的错。世上有很多东西能对人产生诱惑，有些诱惑是很难战胜的，这是事实。这一步，是在帮孩子**认识自己**。

（3）掌控自己

然后，我们可以这样说："妈妈不是要训你、不让你玩，偶尔玩一下是可以的。但我们需要'在正确的时间做正确的事'，所以，妈妈想跟你商量怎样更科学地使用手机。你希望妈妈怎么配合你呢？"

你不是要批评孩子，只是和他商量怎么合理地使用手机，把主动权交给孩子，这样孩子自己能有掌控感，做到**掌控自己**。

（4）得到成长

接下来，家长可以说："我相信，你是一个能管好自己、自律的好孩子。以前是妈妈错了，我相信你完全能管理好自己的时间和学习，加油。"

如果父母能够对孩子进行**精准回应**，孩子就会**认识自己，掌控自己，得到成长**。孩子的身心会越来越健康，他也会慢慢从手机游戏的世界里走出来，回到现实世界，积极地投入真实的生活和学习。

小　结

1. 方法

孩子爱玩手机的五大原因：

①孩子觉得孤独、无聊，没人陪伴。

②大人图清静，让孩子玩手机。

③孩子要手机时，父母没有正确回应。

④ 缺乏有秩序的作息安排。

⑤ 父母在家频繁用手机。

用什么方法让孩子不再沉迷于手机游戏？

前提：打造良好的亲子关系。

原则：堵不如疏。

①约定时间，有效提醒。

②用其他游戏分散精力。

③把危机变成转机。

④给孩子树立榜样。

2. 话术

①精准回应。

②认识自己。

③掌控自己。

④得到成长。

父母话术 2.2	
错误的话术 ×	**正确的话术 √**
别玩了，把手机放下！	还有五分钟就到时间了。
再玩，我就把手机没收！	宝贝，要遵守咱们之前定好的规矩。 你自己看时间，时间到了，你来告诉妈妈。
从明天开始， 你就不能玩手机了！	今天我们好像超时了十分钟， 你想想，我们应该怎么办呢？
你不写作业， 都晚上 11 点了， 还没完没了地打游戏！	妈妈不是想阻止你玩手机， 我只想改变自己，在你空虚寂寞的时候， 陪你旅行一次，看一场电影，读一本好书……
你敢偷着充值， 玩手机游戏， 你这种行为就是小偷！	妈妈知道，爱打游戏说明你有好奇心， 有好奇心的孩子非常棒。
我怎么养了你这么个不争 气的东西，就知道玩手机， 白天晚上整天地玩！	妈妈不是要训你、不让你玩，偶尔玩一下是可以 的。但我们需要"在正确的时间做正确的事"， 所以，妈妈想跟你商量怎样更科学地使用手机。 你希望妈妈怎么配合你呢？
你就玩吧， 我把手机扔到楼下摔了！ 看你以后怎么玩！	我相信，你是一个能管好自己、自律的好孩子。 以前是妈妈错了，我相信你完全能管理好自己的时 间和学习，加油。

2.3

孩子写作业磨蹭怎么办？

有位妈妈跟我倾诉："我女儿上二年级，写作业极其慢，五道题恨不得都能写一小时。有一次都晚上 10 点了，她还在磨蹭，一会儿说笔不好用，一会儿又溜号看窗外。我真的忍不下去了，一下把她拽起来，大吼了一顿。"

这位妈妈绝望地问我："她为啥写作业这么难啊？你说我天天陪她写作业，为啥她还是磨磨蹭蹭的啊？老师，你说这要咋办啊？"

我跟这位妈妈聊了很多，首先跟她明确了这一点，我们陪孩子写作业的真正目的，不仅仅是陪孩子写作业！我们当下的"陪"，都是为了以后的"不陪"。之后，详细跟她说了磨蹭背后的原因以及应对的方法。

为什么孩子写作业很容易磨蹭呢？这就涉及写作业磨蹭的几大原因了，你也仔细对照一下，看看有没有中招：

1. 亲子之间，暗较劲

父母可以回忆一下，如果平时孩子被管制太多、限制太多，自己能做主的事太少，又不敢跟你明着对抗，孩子就有可能用写作业慢来对抗你，因为写作业这件事他能自己说了算。这就叫作**暗对抗**。

比如，你昨天本来打算陪孩子去看一场精彩的电影，结果因为你公司临时有事要加班，没有陪孩子去看电影，你爽约了，孩子心里自然就不高兴，觉得你说话不算话。等到今天写作业的时候，孩子也故意磨蹭，就是不快点写，他用这种行为向你表达不满，挑战你作为家长的权威。

2. 被贴标签，没动力

如果家长在日常生活和学习中，总是对孩子说："你怎么这么磨蹭？你怎么写数学作业这么慢？"这就给孩子贴上了"行动慢"的负面标签，也给孩子带来了心理暗示：**我就是磨蹭的**。这会导致孩子越来越没自信、没能力、没办法，这样孩子自己也默认了。

所以，好家长不会给孩子贴"坏标签"。因为，你说什么孩子就做什么。

如果父母总是催促孩子写作业，你会发现"越催越慢"，还会给孩子带来四个影响：**做事没耐心、不喜欢思考、脾气易暴躁、更抵触父母**。

3. 被管太严，没自由

家长要多去想一想，我们是不是经常把孩子写完作业之后的时间给占了，他没时间玩了。比如，孩子写完作业，你又说要再练练写字，或者去做五道数学题，或者去背一下英语单词。孩子一听，反正我写完作业也玩不了，你还要给我加任务，我索性就一边写一边玩吧。所以，父母就会看到孩子写作业越写越慢。

4. 家长监管，没责任

写作业本来是孩子自己的事，不是家长的事，一些家长也辅导不了孩子的作业。可有的家长就是在陪孩子写作业的时候，见不得孩子犯错：写错了要说，算错了要说，背错了还要说，这就打断了孩子学习的思路。

总是这样陪写，孩子的心里就有一种依赖想法：反正错了都有父母帮着指出来，那我就只负责写，父母负责检查。这样孩子反倒对写作业的事没责任心了。

5. 注意力时间短，没暂停

这个原因和孩子的专注力时长有关，每个孩子的专注力时长是不一样的，有的长，有的短。当孩子的高效专注时间过了，就不能再连续思考，需要放松一下。

所以，可以让孩子写 30 分钟左右休息 5 分钟，去放松一会儿，活动一下，尤其是三年级以下的孩子，更需要放松。

6. 知识太难，没掌握

这个原因就不只是作业的问题，而是孩子的听课效率问题。有很多孩子因为理解能力还有待提高，他在课堂上学知识的时候就没理解老师教授的知识点，或者一知半解，回家做作业的时候就写不出来。

还有很多孩子，一遇到难题或者不会的题就卡住，一卡就是十几分钟，导致作业越写越慢。父母这时候应该让孩子把不会的跳过去，先写会的、简单的，难题、大题回头再说，这就会比较节省时间。

7. 浪费时间，没计划

这个原因非常严重，在家庭教育中，有个很普遍的现象：**滞后现象**。意思就是说，孩子当下的很多问题，是之前两三年甚至更早的时候，父母没有做好应有的规划和培养而导致的。

比如，现在有很多的孩子，打小父母就没给他建立正确的时间观念，**不认识时间，不理解时间，不规划时间**。

我们找到了孩子写作业磨蹭的七大原因，应该用什么方法，才能让孩子把写作业的时间缩短呢？

我给你们总结了下面这九个步骤，只要你能按部就班、坚持照做，孩子写作业的速度就可能会大大提高。

1. 保证好心情

第一步，父母一定要知道，没有好心情就没有好成绩。这个第一步最关键，也是后面的基础，一定要重视。无论孩子多大了，父母的指责或者批评，都可能让孩子没办法顺利地写作业。父母不能经常对孩子说这样的话："快去写作业，写完再玩。"

家长可以在孩子写作业之前使用**超前评价**。就是在孩子做某件事之前，提前给孩子好评："宝贝，我发现你这三天的语文作业写得很工整，速度也快了，每天都比原来快了几分钟。"

这样的超前评价，能让孩子在写作业之前心情愉悦。但是，这里有个原则：一定要说孩子**真实可见**的在生活上或是学习上的变化。家长要认真细致地发觉孩子的变化，做到：**假话全不说，真话不全说**。这是做父母的底线，一定要注意。

2. 十分钟热身

第二步，孩子从学校回家后要先热身，去喝口水、上个厕所或者做准备文具这些杂事，或者可以空手跳绳，给孩子十分钟的准备时间。

为什么这样呢？因为不管多大的孩子，在幼儿园或者学校的学习场景下，都要保持看黑板、认真听的状态，这样的状态极度消耗孩子的意志力。意思就是：孩子的能量在学校快用光了，他的"压力荷尔蒙"太高，我们要给孩子补充一些"快乐荷尔蒙"，让他松弛下来，重新出发。

3. 先复习再写

这也是孩子写作业前必须做的，因为：**无目标不学习，无复习不写作业**。写作业之前，一定要把当天的知识都过一遍，加深印象，等到一会儿写作业的时候，就不要随便翻书，更不要看着答案写作业了。

现在有一种现象：学而不习。很多孩子都是，在学校课堂上听懂老师讲的知识点了，由于没有经常在大脑中复习，即使是当天的知识，在晚上写作业的时候也会忘记。人类的记忆分瞬时记忆、短时记忆和长时记忆，所以，写作业之前至少要用几分钟的时间，复习一下当天的内容。

4. 当成试题写

为什么要这样呢？因为写作业就是当天的考试！

所以，父母要跟孩子说好：考试有两个特性，**一个是默写，一个是计时**。平时就养成**守时的习惯**，把写作业当作当天的考试，让孩子重视起来。现在有很多孩子，平时成绩都很好，一到考试就发挥失常，成绩不理想。家长平时可以在孩子写作业时就锻炼他的心理素质，这也可以说成：**考试平常化**。

5. 限定时间写

在孩子正式写作业之前，他要做一个小小的预估：估计一下，每科作业所需要的时间，再把整个时间估计一下。

然后在写作业的时候，要做到"先易后难"，先做会做的、简单点的，等把这些都写完了，最后再去攻那些难题。

还有就是，孩子写的过程中不要停下来，限定的总时间，不要随便改动，这样既有利于培养孩子的时间观念、写作业的速度，也有益于孩子的健康。如果经常熬夜晚睡，会对孩子有众多伤害：**伤害心脏、影响身高、性早熟、影响大脑发育等**。

在孩子刚写作业的前几分钟，如果家长这时候在孩子的身边，也可以针对孩子具体的优点进行**及时评价**。比如，你看到孩子把数学算式写得很整齐，可以说："孩子，这个第三题的算式写得真工整。"简单的一句话，就给了他正向的反馈。这样的话，就会让孩子在一段时间内保持一定的专注力，所以及时评价是非常重要的。

6. 检查后提问

这一步是指让孩子自己检查，不是家长帮忙检查。如果是年龄小的孩子，可能不会检查，家长这时候如果发现了孩子作业上的错误，不要急着告诉他。你可以给个小范围："宝贝，这三道题里有一道好像算错了，你看看是哪一道呢？"引导他学会**自查**。

即使孩子主动问你，你也不要马上告诉他。如果你马上告诉孩子，就会让他养成依赖和惰性，以后就很难主动仔细检查了。可以对孩子说："*孩子，你慢慢来，再把这道题的题目读一遍，看看有几个条件呢？*"有的孩子不是不会，只是因为写作业消耗了他大量的意志力、注意力，没静下心来读题。家长要给孩子时间和机会，锻炼孩子自主学习、**独立思考**的能力。

7. 勤用错题本

错题本是学霸必备的神器。如果孩子写完作业了，也检查出了错题，就要重新做一遍，或者默写一遍，再把这个错误记在错题本上，方便利用每个周末的空闲时间集中复习一次。

高效的学习提升来自总结，错题本是为总结孩子所学知识服务的，等孩子已经养成阶段性总结和复习习惯了，错题就会越来越少，在学习上的自信心也会越来越强。

8. 预习新知识

这一步非常简单，就是孩子在写完作业后，用几分钟的时间，把下节课的知识提前看一眼，有个简单印象。如果愿意研究，也可以简单写一写下节课的知识点、关键词或者自己搞不懂的地方。

等老师在课堂上讲这个知识点的时候，孩子就等于学习了两遍。这有什么好处呢？很多孩子的学习都得益于高效的预习，同样在一个教室里听课，老师讲的同一个知识点，预习和不预习的孩子，收获完全不一样。也可以这样说，善于预习的孩子，更容易拿到高分，学习也更自信！

9. 增加仪式感

孩子写完作业了，也整理好书包了，剩下的时间可以让他自己支配。

家长也可以在孩子写完作业之后有一个仪式，给他来个大大的拥抱，让孩子感觉自己的辛苦付出得到了认可和正面反馈。

平心而论，**爱玩是每个孩子的天性**。作业对每个孩子来说都是每天都不得不完成的沉重负担，没有孩子天生就愿意安安静静地坐在那儿写作业，每一次的作业，孩子能坚持写下来已经实属不易了。

但很多家长不懂孩子的作业压力，也不会共情，会在孩子写完作业的时候说出下面的话：

就这么点作业，写了两个小时，都9点了才写完。

接下来说说作为家长应该如何做，孩子才会主动快速地写作业。

无论孩子的作业写得是快还是慢，都可以用以下的方法：

1. 事后强化

比如，家长刚才的那句话：

就这么点作业，写了两个小时，都9点了才写完。

父母不要直接对孩子这样说，而是换成当着孩子的面，对家里的其他人，比如爷爷、奶奶说，不停强化他是个写作业快的孩子。你可以这样说：

儿子今天的语文作业有四张卷子，他实在是太厉害了，中间只去了一次厕所，休息了10分钟，就一口气全都写完了，真是不容易！

这样当着孩子的面随口说出的认可性语言，让孩子感觉你不是为了夸而夸，而是能和他共情，真实地感觉到他在写作业上的压力与进步。

其实没有绝对的好坏，也没有绝对的快慢，孩子能有改变就是进步。昨天写完用了 50 分钟，今天用 45 分钟完成就是进步，这样的事后强化能帮助孩子持续好行为。

如果孩子努力写了几天作业，累了，没劲头了，消极了，父母又该怎么办呢？父母可以用下面这种方式：

2. 持续性鼓励

持续性地给孩子不同方式的鼓励。比如，你没催促和安排，他就自己主动写作业了。

你可以说："欸，宝贝，你这么自觉，今天自己主动写作业了。"

孩子听你这么一说，他可能主动写两天，但坚持了两天之后，他很有可能犯懒，就又开始贪玩不爱写作业了。

这时候，你可以对孩子说："你总算是放松了，前两天你学习学得太累啦。"等他重新学习了，你可以再接着鼓励："宝贝，你今天学习的时间比昨天长了好多啊。"就这么循环式地鼓励他，孩子写作业就会越来越快了。

在整个写作业的环节中，家长一定要记住：**三年学说话，一生学闭嘴**。孩子是人，不是神。现在的孩子，学习、写作业真的是很累，父母别因为孩子偶尔不好的行为，总唠叨和催促孩子，说孩子磨蹭、拖拉、不上进。如果父母总这么说，反倒会让孩子变成这样。

小　结

1. 方法

①保证好心情。

②十分钟热身。

③先复习再写。

④当成试题写。

⑤限定时间写。

⑥检查后提问。

⑦勤用错题本。

⑧预习新知识。

⑨增加仪式感。

2. 话术

①事后强化。

②持续性鼓励。

父母话术 2.3	
错误的话术 ×	**正确的话术√**
快去写作业，写完再玩。	宝贝，我发现你这三天的语文作业写得很工整，速度也快了，每天都比原来快了几分钟。
这道题算错了，赶快重新算一遍。	宝贝，这三道题里有一道好像算错了，你看看是哪一道呢？
写个作业都能读错题，等到考试的时候不就更马虎了吗？	孩子，你慢慢来，再把这道题的题目读一遍，看看有几个条件呢？
就这么点作业，写了两个小时，都9点了才写完。	儿子今天的语文作业有四张卷子，他实在是太厉害了，中间只去了一次厕所，休息了10分钟，就一口气全都写完了，真是不容易！
我就没见过像你这么磨蹭的孩子，谁家孩子不是先写作业再玩啊，就你特殊！	孩子，你要做时间的主人，不是时间的仆人，能掌控自己的时间，才能玩得更尽兴，对吗？
写不完作业就别睡觉，你写到天亮也得写！	我看到你今天的作业好多啊，如果9点之前实在写不完就别写了，健康才是最重要的。
每次写作业都哭哭啼啼的，就没有一次是痛痛快快完成的！	有困难是好事，这就是咱们要进步的前奏。你需要妈妈为你做什么呢？

2.4
孩子专注力差怎么办？

去年，有个来找我咨询的妈妈说，她儿子上小学二年级，非常聪明，反应也快，可是妈妈无意间发现，孩子书包里的学习用品经常"不翼而飞"，不是今天少支笔，就是明天少块橡皮。写作业坐在那儿 20 分钟都进不了状态，好不容易开始写了，没几分钟就又走神了。

妈妈一开始只是觉得孩子小、贪玩，不会管理自己的物品。有一天，班主任找到她，说她孩子上课也是同样没状态，根本不看老师、不听讲，也不看黑板，老师提问也不主动举手，回答问题的时候也经常答非所问。

其实，这个男孩的情况，就是注意力不集中的表现，注意力也就是我们平时说的专注力。孩子的专注力和学习成果是息息相关的。

这也是很多家长都头疼的一个大问题，为什么孩子的专注力这么差？专注力到底是怎么回事，要如何提高孩子的专注力呢？

其实，集中注意力需要大脑神经的两个功能的密切配合，即**兴奋功能和抑制功能**。大脑里的这两个功能是一对亲兄弟。所以，你会看到，一个刺激很容易就能引起孩子的兴奋。比如：当孩子写作业时，如果旁边有人说话，立刻就能够吸引他的注意力，让他兴奋起来……

所以，当一个外界的刺激让孩子兴奋起来的时候，用意志力把兴奋压制下去就非常难，但让别的事把孩子的专注力拉跑就很容易。

孩子的注意力和大人的不一样，特点就是**"时长短，易打断，拉不回"**，这也是孩子的特性。

当孩子大脑的抑制功能还没发展成熟，意志力水平较低的时候，我们怎么才能让孩子集中注意力专心学习，并且能够不断地培养孩子的意志力呢？

我们得先来了解一下专注力的**四种状态：①进入专注状态；②走神／被打扰；③觉察到走神／被打扰；④把注意力拉回到目标上。**

比如，你想让孩子背课文，孩子就需要先进入专注状态。这时候，家里有人打开电视机追剧，电视声音的刺激对孩子形成了打扰，就会让孩子走神，或者是没有外部打扰，孩子突然想到晚饭后要玩奥特曼卡片，就容易形成内部打扰，自己溜号；接着，孩子意识到走神或者被打扰了；最后，孩子使用意志力，把注意力拉回到背课文这件事上。

这四种状态不是静止的，而是流动的，它会在孩子完成背课文这个行为里反反复复地交替出现，一直到背课文这个行为结束。

所以，明白了专注力的四种状态之后，你就会发现：**专注力与其说是一种能力，不如说是一种习惯。**想让孩子更专注，一方面是减少外界干扰，另一方面是通过练习让孩子养成专注的习惯。

在说具体怎么做之前，我们还需要了解孩子专注力差的常见原因。排除孩子身体器质性方面的功能欠缺和能力失调，绝大多数孩子专注力差主要由于以下这四方面：

1. 环境干扰

比如，孩子的生活、学习环境非常乱，或者是家里的玩具、书、文具很多，孩子受到的干扰、面临的选择也多，在这种环境下专注力就很难养成。

2. 压力过大

孩子压力过大，第一种情况是家长批评、否定孩子，或给孩子贴负面标签，导致孩子认为自己差劲。家长经常否定孩子，会使孩子走向两个极端：要么奋发图强，要么自暴自弃。但是，大多数孩子都是第二种情况，对自己的表现不满意，越来越丧失激情和斗志。

另外一种情况是，如果父母经常在生活和工作上有压力，即使父母没把压力直接给孩子，孩子也能感受到父母身上的压力，从而导致孩子的大脑前额叶的发育受阻，这也会导致孩子的专注力越来越差。

3. 过度关心

父母对孩子过度关心，导致孩子专注力下降。比如，孩子明明在很专心地看一本书，可是家里的大人总打断，一会儿让孩子喝口水，一会儿让吃东西，这就会破坏专注力。这种打断行为，不仅让孩子更黏人，还会给孩子造成一种错误的认识：**我自己做不行，一定要大人陪。**

4. 父母的争吵

长期面对父母吵架的孩子，他的大脑前额叶神经元的树突会处于生长抑制状态，虽然树突有再生能力，但如果孩子长期感受到这种压力，就会导致大脑前额叶发育受阻，孩子的专注力自然就会下降。

所以，想要培养好孩子的专注力，家长一定要做以下这些事：

1. 排除打扰，营造氛围

专注力是保护出来的。我们要减少对孩子的打扰，营造出一个可以让孩子专注的氛围。比如，孩子在看书、写作业，不要一会儿问孩子渴不渴、饿不饿，一会儿又提醒他写错了。孩子在探索的世界里，如果被打断就会极度破坏他的注意力。

你可以在孩子学习之前，让他先把上厕所、喝水这些事都处理好，等学习的时候会更安心，也可以让孩子提前准备好学习用品，然后你对他说："准备好了吗？好，让我们开始专心学习。"

2. 家长情绪要稳定

每个家长的性格状态，都在潜移默化地影响孩子。说得夸张一点，孩子烦躁、专注力差，很多都是受家长的情绪影响。家长的态度、语气和表达方式，很容易瞬间把孩子拉入某种状态，就好比你跟一个爱抱怨的朋友聊天半小时，自己的心情也容易变得灰暗、烦乱一样。对有些家长来说，知道自己烦躁很容易，但改变很难。即使很难，我们也要时刻提醒自己，让情绪安稳下来。

3. 提高专注力的六大练习方法

再说回开篇提到的那个二年级的男孩，如果你是家长，用什么样的方法可以提高孩子的专注力呢？

我给了这位妈妈六个方法，她只用了不到两个月的时间，孩子的专注力就提高了很多。

（1）**视觉观察法**

第一种是玩扑克游戏。家长可以拿三张扑克牌摆在桌上，让孩子选一张记住。如红桃5，让他盯住，然后把三张牌都扣在桌上，随意地换位置，让孩子说红桃5在哪儿，看看孩子能不能盯住。这样的游戏也可以和孩子轮流玩。随着孩子能力的提高，我们也可以增加难度，比如增加扑克牌的数量，或者是改变换牌的次数、速度。

另一种是静止观察法。家长找一把椅子，让孩子坐在椅子的前1/3位置，不要全坐在椅子上，后背直立，然后家长拿一块表，让孩子看表的指针在一分钟时间里的走动。假如孩子在一分钟内注意力没分散，就可以延长时间，再重复三四次。这可以帮孩子提升耐心，对增强专注力也有很大帮助。

（2）**数字训练法**

第一种练习方法是：家长说"12"，让孩子反过来说"21"；家长说"1357"，孩子就要回答出来"7531"。或者可以用语文词语的玩法来增加难度，可以说他熟悉的古诗，比如家长说"锄禾日当午"，孩子就要反着说"午当日禾锄"。注意不要用太长的数字或句子，否则难度过大，适得其反。

第二种练习方法是：我们家长让孩子听一组数字，要孩子说出数字"3"出现过几次，比如家长可以说"83532、40361、35320、73863、39135"。

（3）**扩句训练法**

这种方法非常锻炼孩子的听觉专注力，具体就是家长说一个小短句，孩子听完就要复述。比如，家长说"小马过河"，孩子要跟着复述"小马过河"。家长加长句子："一匹红色小马过河，去找妈妈。"孩子复述："一匹红色小马过河，去找妈妈。"家长再把句子扩长："夕阳下，一匹红色小马高兴地过河，去找妈妈。"再加长："令人沉醉的夕阳下，一匹红色小马，高兴地过河去找亲爱的好妈妈……"这尤其对写作业时看一个字写一个字的孩子帮助更大。

（4）反应训练法

这个训练无论多大的孩子都特别喜欢。家长可以说出一组词语，让孩子听到"动物"时拍一下手，听到"电器"的时候拍两下。比如，家长说一组词："6、大象、葡萄、苹果、电视、36……"

或者是家长念一组词语，让孩子听到"电器"举右手，听到"文具"就举左手。比如："凳子、电视机、课桌、洗衣机、书包、空调、作业本、钢笔、羽毛球。"这样的练习，都可以逐渐增加难度，也可以和孩子交换玩法。

（5）观察呼吸法

这种练习比较有意思，对孩子的挑战也很大。我们家长可以让孩子先玩一会儿空手跳绳，跳一分钟，然后坐在椅子上闭上眼睛，把手放在胸前感受呼吸和心跳。给孩子建立这个概念：活跃、健康的身体会发展出活跃、健康的思维。这能让孩子体会到，关注身体的呼吸节律能调节情绪，提高专注力。

（6）触摸练习法

让孩子蒙上／闭上眼睛，然后让他摸自己喜欢的玩具，让他说摸到玩具是什么感觉，问问他："如果这玩具是从水里拿出来的，摸起来是什么感觉？""如果放在太阳底下呢？"用这种方式引导孩子提升他的感知觉系统，也就能逐渐提升孩子的专注力了。

除了上面这些方法，我们家长也可以让孩子**玩拼图、七巧板、舒尔特方格、斯特鲁普测试、多米诺骨牌、叠衣服训练等**。这些都能锻炼他的专注力、分类能力和统筹能力。

最后，我们再来说说，怎么跟孩子说话可以帮他提升专注力——**恰当的语言**。

就像我们前面说的，孩子溜号、注意力不集中，不只是外界对他的刺激，孩子有的时候大脑里偶尔蹦出的念头，也会让他走神。

这时候我们就要用恰当的语言，把孩子的专注力拉回来，这也是家长需要锻炼的能力。这就好像孩子身体里有两个小人，一个在这儿学习，另一个充当监督人，站在旁边监督的也走神了，这时候，就需要父母来提醒了。

家长可以说："孩子，我看到你注意力不够集中啦，来！咱们快点写。"你也可以轻轻拍一下孩子的肩膀说："来！宝贝快写！"而不是你敲着桌子，大发雷霆："快写！干吗呢？怎么还不写！"

前一种语气，是你和孩子保持一致的合作状态，而后一种语气，呈现的就是那种暴力的监督关系。暴力监督孩子，孩子就算语言上不敢抵抗你，他拿着笔用眼睛看着书，也还是会磨磨蹭蹭的，半天不写一个字。或者，他不动脑子就告诉你，这题他不会做。孩子会通过各种抗拒的行为告诉你：逼我也没用，我不会。

另一种情况就是，孩子学习、写作业的时候，会突然分心和你聊天："妈妈，今天学校有件事特别有意思，你想知道吗……"你这时候是接话还是不接话？如果你接，这种边聊边学的模式就形成了；如果你不接，就破坏了亲子关系。

这时候，你可以看着他说："妈妈想听。"然后，你拉着他的手或扶着他的肩，一定要身体接触，保持一秒钟，再说："来，写完作业，我们一会儿休息的时候，好好讲给妈妈听。"这就让孩子感受到：我可以讲，而且妈妈让我好好讲给她听，我要快点写完作业再讲。

如果是年龄比较大的孩子，就需要他做自己的监督人，把自己的注意力持续放在学习上，这需要一个不断练习的过程。

开篇说到的那个小男孩，曾经有一次就跟妈妈说："妈妈，你能不能陪我写作业？"等妈妈到书桌旁边了，孩子又提了一个请求："妈妈，你盯着我写，看着我写，行吗？"妈妈纳闷了："为什么要我盯着你写作业啊？"

妈妈盯着男孩写，他果然很快就写好了。

写完之后，男孩说道："妈妈，我发现您如果不在旁边盯着我，一会儿我就会想这个笔怎么这么好玩，橡皮咋这么有意思，等我发现自己走神，我都走了半天神了。要是你盯着我、看着我，我就不好意思那样了。"妈妈非常惊讶，孩子竟然会意识到自己走神，而且知道有妈妈盯着，他就能集中专注力。这不就是孩子能实现自主学习的开始吗？孩子已经开始有意识地觉察和改变了。

专注力的集中，需要大脑神经兴奋功能和抑制功能的密切配合。小学低年龄段的孩子，意志力还没完全发展成熟，所以在培养孩子专注力的同时，还要加强意志力的培养，也就是锻炼孩子的"意志力肌肉"。

这就好像跑步，当我们刚刚开始跑步，累得跑不动的时候，大腿的肌肉会有酸疼的感觉。过了一段时间，我们就会发现，大腿肌肉的力量增强了，我们也变得更能跑了。孩子的意志力也是，就像肌肉一样，得到恰当的锻炼后，力量就会不断增强，到了那时候，你再提醒孩子集中专注力学习就不会费劲了。

小　结

1. 方法

（1）排除打扰，营造氛围

（2）家长情绪要稳定

（3）提高专注力的六大练习方法

①视觉观察法。

②数字训练法。

③扩句训练法。

④反应训练法。

⑤观察呼吸法。

⑥触摸练习法。

2. 话术

父母话术 2.4	
错误的话术 ×	**正确的话术 √**
快写！干吗呢？ 怎么还不写！	孩子，我看到你注意力不够集中啦，来！ 咱们快点写。
写作业不许和我聊天， 认认真真写！	妈妈想听。来，写完作业， 我们一会儿休息的时候，好好讲给妈妈听。
你再这么溜号， 作业就要写到天亮了，赶快写！	宝贝，我们来休息一下， 一起玩个听数字的练习吧。
如果你总是注意力不集中， 你连大学都考不上！	孩子，我记得你上周二注意力非常集中， 那时你有什么秘诀吗？
你现在必须认认真真背课文， 要不我就罚你！	宝贝，我们可以一边用手指着字， 一边读出来，背会这一句，再背下一句。
你看人家子涵，写作业从来不溜 号，都是一口气写完。	是啊，注意力就像咱们的肌肉一样， 有时候会累、会疲惫， 所以我们要保护专注力。
我真是瞧不起你， 写了不到十分钟就走神， 这要是考试，你连题都答不完。	来吧，我们打起精神，排除杂念， 好好写五分钟，战胜"溜号"这个小怪兽！

2.5
孩子上课不认真听讲怎么办？

"那是一个风和日丽的下午，我儿子就默默地立在墙角，我对他大吼："老师刚才给我发了五条消息，说你上语文课不认真听讲，你到底是怎么回事啊……'"

这是一位来找我咨询的妈妈说的，那天她整个人都快崩溃了，不停地跟我说："这孩子一个星期都没认真听语文课了，跟他好说歹说都没用，这可怎么办啊？"

遇到这种情况，相信很多家长都会很头疼。因为这和写作业不一样，孩子写作业不认真，我们还看得见，能管管，可孩子听课不认真，我们总不能整天在学校看着他吧？

我安抚这位妈妈："我知道你很着急难受，不过也别急着怪孩子，更不能打骂，因为这不仅一点用都没有，还会使亲子关系产生裂痕。现在我们就来找找孩子不认真听讲的原因，找到原因之后，才能给孩子正确的引导方法。一步一步来，剩下的就是时间的问题了！"

以下是孩子不认真听讲的三大原因：

1. 基础不牢，听不懂，无力听课

有个很普遍的现象："上课不认真听"尤其容易出现在所谓"差生""偏科生"身上。这样的孩子，注定是智商比较低吗？不一定。

有很多孩子，因为以前的基础知识不牢，或者某一堂课没听懂，没及时补上，然后后面的每堂课就都听不懂、跟不上了，这样他就容易不爱听课。慢慢地，孩子的大脑就会选择自动过滤，不愿意听了。

我们一味要求他认真听讲，是不会有任何效果的。对于这样的孩子，这时候就要从这门课的基础知识入手，最好从头开始给他查漏补缺。把孩子不会的内容搞清楚，他听课的时候才不会走神，成绩才能上来，后续上课才能注意力集中。

2. 外界干扰，精力不足

如果孩子平时上课听讲还是挺不错的，但有一阵子不太行，我们家长就要去排查一下，看看是否有什么事或者人影响孩子听课了。

比如，同桌、前后座的同学上课爱说话，或者孩子偷偷带了课外书去学校看。这些外界因素，都会影响孩子听课的注意力。

另外，就是孩子没有足够的精力支撑认真听讲。关于学习精力，我们可以分为四个层次：第一层次，极度疲劳；第二层次，强打精神；第三层次，积极应对；第四层次，精力充沛。大部分孩子，都处于第二层次。

孩子的精力，主要受五个方面的影响：休息、饮食、体能、情绪和价值感。我们可以多注意孩子的睡眠、补水和情绪，帮助孩子拥有充足的学习精力。

3. 孩子不喜欢任课老师

家长一定要警惕，孩子在学校会有一种看不见的危险——"**无意识洗脑**"。比如，他的好朋友经常跟他吐槽说："我不喜欢数学老师，他讲课没意思，看到他就烦。"孩子听了这样的话，再上数学课的时候很可能就感觉跟以前不一样了，也开始不接受老师、讨厌数学，这就是被"洗脑"了。因为人的潜意识天生都会趋向于群体认同，小孩子没判断能力，容易被影响。

还有种情况是，孩子对某个老师的印象不好，导致对这位老师教授的科目排斥，没有学习动力。小孩子的认知和情感还在不断发展和完善中，有时候会先入为主地判断某件事、某个人，不能全面地分析，批判地吸取经验。

作为家长，我们具体应该用什么方法，才能让孩子上课认真听讲呢？

方法1：四字真言——看、听、说、记

家长给孩子的引导非常重要，想要让孩子听课质量高，我们平时就要多引导孩子，下面是四种听课方法：

（1）看

老师在讲课，孩子要跟着老师的思路走。老师在黑板上写板书，孩子的眼睛要跟着板书内容走，看清楚老师写的每一个字。

盯着老师还有一个好处：老师也会看着你，会把你当作重点的信息传递对象。老师在台上，也需要学生的注意力和给老师的反馈。

（2）听

老师在讲课本内容的时候，尤其要竖起耳朵仔细听，手指着课本的内容走，注意力集中到老师说的每一句上。

比如，老师说"打开课本第几页，读第几段，做第几题"，就要跟着老

师的节奏走，打开课本、读书或做题。

又如，老师说"这个是重点，考试时经常出现"，那我们就要在书上做标记，重点标注一下，方便以后的阶段性学习和复习。

这些细小的习惯，就把孩子之间的差距拉开了。这也是为什么在同一个教室，由同一个老师教，孩子的学习成绩不一样的主要原因。

（3）说

除了看着老师的眼睛之外，一定要记得给老师回应。比如，老师问听懂了没有的时候，你要记得点头和摇头；老师说到重点的时候，你要跟着思考，或者低头记录一下；老师抛出一个问题问全班同学的时候，出声去回答这个问题，不要觉得反正有别人说我就不用说了。你给出的回应，老师是可以看到的。

老师提问，就要勇敢地举手，比如，老师问"这个题会的举手"，你要大胆及时地举手，即使老师不提问你，他也会看到你的积极性高了，自然而然就会多关注你了。

有很多孩子觉得，就算举手老师也不会叫他，就觉得老师不喜欢他，慢慢地，就不举手了。

其实，老师会根据举手数量多少来判断多少同学听懂了；老师也会通过举手来判断走神的同学；还有的时候，老师提问不举手的孩子，是因为认为举手的孩子都会了，或者是老师觉得举手的孩子听课比较认真。

（4）记

如果老师让记笔记，那肯定是重点，一定要仔细记下来。或者听老师的安排，写在复习本、错题本上，这样能方便每周或者每个单元去总结一下。

记笔记的好处：一是防止走神，二是能巩固记忆，三是梳理课程的脉络，四是方便后面的复习。

笔记不要记得太详细，不要老师一边讲你一边记，这个方法其实效率非常低。笔记记得太详细，其实就是给自己一个安全感，好像是这节课结束后学会了很多，其实反而错过了跟着老师思考的机会。

大一点的孩子，可以用关键词笔记法，就是只记老师讲的关键词，而不去记这个知识点的具体内容，具体内容要跟着老师理解和思考。能把握这个关键词了，就可以转到下一个关键知识点了，有问题的话就在这个关键词旁边画个问号，标记一下。

方法 2：喜欢老师

就像我们前面说的，如果老师当众批评了孩子，造成孩子不喜欢老师，家长应该怎么办呢？

这时候，第一步要做的就是"共情"。家长要设身处地地从孩子的角度想，被老师冤枉，又当着那么多同学的面挨了批评，孩子心里一定很难受，要能体会他的心情，相信他。这样，孩子就会觉得你和他是在一起的，很懂他，他就愿意遇到问题和你倾诉，一起去找到问题的解决方法。

我们可以顺着孩子不喜欢老师的话，继续往深处引导启发式地问下去，逐步引导孩子全面地评价老师。

比如，孩子说："我不喜欢这位老师，他凶，甚至骂人。"家长可以问孩子："你不喜欢老师，是因为他凶，他是一直都很凶，对谁都凶吗？"家长可以用夸张的口吻和表情来模仿老师，比如摆出一副气势汹汹、盛气凌人的样子，问孩子："你眼里的老师一直都是这样吗？"

这一下子就能缓解孩子的情绪，孩子可能会说："不是这样的，我们老师骂人的时候不会叉腰，他会一直撇嘴，一直摇头……"你就接着问："他有没有不骂人的时候呢？"孩子冷静一下再一想，也许会说："也不是一直在骂人……"

这种模仿会让孩子感觉对老师的评价可能极端了，老师并没有之前想象的那么糟。这让孩子看到了事实，也平息了他的情绪。

家长可以引导孩子全面地看待老师，和孩子讨论，让孩子理解每个人都有优缺点，再一起来找找老师的优点。虽然我们没有办法换老师，但可以调整自己的态度。学会全面地分析自己和别人，让孩子把注意力聚焦在客观事实上，把人和事分开看。

还有，家长对老师的态度本身就会影响到孩子对老师的看法，在和孩子讨论的时候，家长一定要以身作则，尊敬老师。即使老师确实有问题，我们对老师的尊重也不要改变，这种尊重体现在我们父母对老师的态度和行为中。

只要老师没有原则性的问题，除了刚才说的要引导孩子正确认识老师，父母也可以多和老师沟通，了解老师对孩子的想法和建议。老师对孩子的认可要及时转达给孩子，自己对老师的尊敬和感谢也要表达出来。

另外，家长一定要和孩子说个小秘密：**"每个老师都是有绝活的**，这个绝活就是，老师能用自己的讲述把知识更鲜活、立体地传达给你们，老师还能把多年教学总结出来的规律、方法、考试技巧告诉你们。"

我们要教孩子从长远学习角度出发，不纠结当下喜不喜欢老师，而是让孩子从老师那里学到真正的知识和"绝活"。

方法 3：家庭练习

父母在家里也可以给孩子做练习，帮孩子提高听课能力，改善他在课堂上的表现。

比如，家长可以有意识地训练孩子的**听话能力和做事能力**，用精准的语言描述，安排孩子做三四件事情，说清楚先做什么，再做什么，最后做什么，家长再回看孩子做得怎么样，并让孩子自己总结反思。也可以在孩子放学之后，让他把课堂的学习内容给你讲一遍，看看能不能听懂。或者分享一下上课的时候印象最深的问题。

最后，我们来说说如何跟孩子沟通，才能做到让他上课认真听讲。

有时候，面对上课不认真听讲的孩子，有的家长也许会说："那是学校的事、老师的事，不该由我来管，我又不能坐在孩子旁边。"实际上，训练孩子专心听讲，可以从日常生活、亲子沟通上入手。

1. 具体提问

首先就是家长要提出具体的问题。比如，孩子放学回家，我们千万不要问："上课认真听讲了没有？学会了没有？"因为这样问，孩子很容易敷衍："认真听讲了，学会了。"

家长可以直接问具体的细节。比如："语文学了什么知识？学到第几课了？学了几个生字？今天数学老师教了什么，讲了几道题……"刚开始孩子可能回答得比较慢，慢慢听孩子说就好。千万不要说："上课都干什么去了？肯定没认真听讲！"这会严重打击孩子的学习积极性。

提问是一个帮孩子复习的过程，要引导孩子多讲，这既帮他复习了知识，也锻炼了他的表达能力。

2. 引发思考

我们做出具体的提问之后，可以根据孩子的年龄和理解能力，引导孩子对自己不认真听课的行为进行深入的思考。我们可以根据情况说下面的话：

孩子，你不认真听讲，也许有你的理由，但你的理由真的很充分吗？也许正如你所说的，你听不懂，像听天书一样。这个理由成立吗？

你有没有想过，是从什么时候开始听不懂的，真是因为听不懂才不听课

127

的吗？有没有别的原因？是不是情绪的问题？课前预习了吗？遇到不会的，有没有去请教老师、同学？

也许你所说的，你不喜欢老师，是因为老师批评过、惩罚过你。大部分老师之所以这样做，是希望你能有更好的发展。或许老师在方法上有欠缺，但绝大多数老师并无恶意。如果只因为讨厌老师就不听课，这就是不成熟的表现。众口难调，每个老师都有自己的特点和风格，我们不可能让老师按照你的喜好上课，因为老师面对的是几十个学生。我们无法让老师适应你，但我们可以尝试着适应不同老师的上课风格。也许，老师讲得确实不够有趣，但妈妈相信，你是可以好好学习的。

如果你不听课就能取得优异的成绩，甚至觉得老师都不如你，我会赞成你不听课，你可以自学成才。可事实不是这样，没有老师的指导是不行的，你还没有那么强的自学能力。

孩子，学习是你个人的事，会学习是你的终身能力。倾听、思考和交流是学习上重要的一环。在我们成长的路上是无法逃避的，成功也没有捷径。你可以尝试着去听课、去学习，早晚有一天，你会收获一个不一样的自己。

我们家长要清楚，每个孩子都有闪光点。我们要认清自己的孩子，了解孩子的长处、短处，再根据孩子的生理和心理特点去挖掘潜能、因材施教。当孩子有一天真正学会学习时，就不存在不认真听讲的问题了。

小　结

1. 方法

①四字真言——看、听、说、记。

②喜欢老师。

③家庭练习。

2. 话术

①具体提问。

②引发思考。

父母话术 2.5	
错误的话术 ×	**正确的话术 √**
老师刚才给我发了五条消息，说你上语文课不认真听讲，你到底是怎么回事啊……	宝贝，你能回忆起来是从哪里开始听不懂的吗？
你怎么能讨厌老师呢？你不能因为不喜欢老师就不好好学这门课！	具体讨厌老师什么呢？是不是老师批评你了？来，跟妈妈好好讲讲是怎么回事。
上课认真听讲了没有？学会了没有？	宝贝，语文学了什么知识？学到第几课了？学了几个生字？
上课都干什么去了？肯定没认真听讲！	今天数学老师教了什么，讲了几道题？
不喜欢老师你也得学，别指望我能给你换老师！	成长的过程中，我们都有过不喜欢的人，越小的时候越容易偏激。
你还不想学数学了？看我怎么收拾你！	也许正如你所说的，你不喜欢这门课程。可是升学要看分数，而且是总分。所以，我们放弃这门课的分数，能考上理想的学校吗？
怎么就你不爱学英语？为什么人家都能学！	孩子，学习是你个人的事，会学习是你的终身能力。倾听、思考和交流是学习上重要的一环。

2.6
孩子不喜欢阅读怎么办？

前年，有位妈妈来找我咨询，还带来了她五岁的儿子。小朋友见到我就说："老师，我见到你兴奋不已，我妈更是欣喜若狂！"我惊呆了，这么小的孩子，虽然会说成语不算什么特别的，但他用得还挺贴切的。妈妈说："孩子正在看成语故事，走哪儿都爱卖弄。"这孩子的阅读兴趣超出同龄孩子一大截，他现在已经八岁了，就是个"小书虫"，走哪儿都书不离手，真让人羡慕。

可我遇到的更多的情况是：不少妈妈对孩子不爱看书感到焦虑。其实，孩子不爱阅读无非是以下几种情况：

1. 缺少阅读陪伴

在小孩子三岁前，如果家长陪孩子阅读的时间过少，他长大后很可能不太爱阅读。八岁前，是孩子的阅读敏感期，如果家长这个时候陪孩子读书少，等他能自主阅读的时候，也会对阅读没有兴趣。所以，家长一定要注意，尽量在孩子上小学三年级前，培养他好的阅读习惯。

2. 有亲子共读，但讲故事不够生动，且目的性太强

孩子听书、看书的时候，对画面、声音都是很敏感的。如果家长在给孩子讲故事的时候，讲得不够生动、好玩，孩子一定能感觉到。孩子小时候的听书能力比看书能力强，家长给孩子读书、讲故事的时候，最好声情并茂，也可以边讲边和孩子聊天，这样还能锻炼他的思维和表达能力。如果一读完就问："这故事讲的是什么呀？你学到什么知识了啊？"这种急功近利的交流方式，就很容易破坏孩子的阅读兴趣。

3. 孩子没有选择，且一味追求阅读数量

在给孩子选书的时候，很多时候都是家长说了算，孩子没办法自己做主，或者家长总是要求孩子：只能看对学习有帮助、有用的书，认为小说、漫画、搞笑的书都是闲书。这种强制性的控制和约束，很容易激起孩子的反抗心理，你越想让他看，他就越不看。

有的家长为了让孩子养成阅读习惯，买很多书，这让孩子感觉，书就是装饰品，他一看那么多书都没看，就更不愿意读了。这里有个有趣的现象，就是在孩子小时候，他总是喜欢重复地听同一个故事，反反复复地听。其实阅读也是一样，很多孩子喜欢反反复复看同一本书，因为阅读要慢慢吸收，再融会贯通。如果家长一味追求数量，要求孩子看完一本马上看下一本，也会破坏孩子的阅读兴趣。

让孩子爱上阅读的八大方法

1. 循序渐进引导

0～10 岁是孩子的阅读关键期，这期间如果孩子养成了阅读的习惯，你以后就会非常省心。过了 10 岁再去培养，对孩子的影响力就小了。

父母可以在家里找个适合的地方建个阅读角，和孩子一起装饰一下，摆个书架，做块免打扰的牌子。可以带他去书店、图书馆参观，孩子一看，大家都在认真地看书，这对孩子也是一种影响。还可以让孩子去参加读书的分享活动，看一看，听一听别的孩子的阅读经验，引导孩子多接触书。

2. 激发阅读兴趣

这种方法在孩子读幼儿园中班时就可以使用，也可以对小学生这样做。家长可以每周带孩子去书店，让他自己选书，漫画、小说都可以，一次选两本，只要他喜欢就行。不管他买什么，你都给他买，即使回去他不看，你也不要着急跟孩子说看书的事。

等过几天，你把孩子买的书拿出来，一边看一边和孩子说，你选的书真有意思，用不了多久，他就会跟你抢书看了。孩子都有好奇心，他的阅读兴趣，就在他自己选的闲书里。孩子这个阶段的阅读，父母不要给太多的指导，除非孩子问你，来跟你探讨。

你也可以给孩子讲讲书背后的故事。比如，我女儿小时候，我给她读《安徒生童话》，就先给她讲安徒生是哪儿的人，他家什么样，他是怎么写的这本书，他小时候都有什么好玩的事。这一下就把女儿的兴趣提高了。

3. 固定阅读时间

如果我们家长能和孩子在固定的时间做同样的事，并一直坚持下去，慢慢就能形成固定习惯。可以把读书这件事写在一个家庭行为表里，贴到明显的地方。比如，晚上 8 点就是读书时间，就算只读 10 分钟也可以。刚一开始，孩子可能会不适应，如果能坚持下去，读书的习惯就养成了。

4. 全家读书活动

比如，把周日上午 8 点定成全家的读书时间，大家都把时间空出来，还可以准备一些小点心、水果，家里的每个人都找自己喜欢的书去读，使读书成为一种休闲的生活方式。全家还可以中午一起聚餐，下午再去公园玩，让这一天变得有趣、好玩、难忘，慢慢孩子就爱上读书了。

5. 设置打卡奖励

打卡，对孩子来说是好玩的事。父母可以给孩子选一套系列书，一次买一套也行，定期地单本买也可以。一整套的书，不要直接全都拿出来给孩子读，可以打卡式阅读。比如，孩子每天读 10 分钟记录一次，读三次就奖励他看下一本书，读九次就奖励和孩子看一场电影，这同样也锻炼了孩子坚持的能力，一举两得。

6. 鼓励孩子分享

读书是输入，分享是输出，要多给孩子分享的机会。无论是你给孩子读书，还是他自己读，不用给他做太多解释，而是让他自己去想象、去领会。可以和孩子轮流读，一人一句，或者一人扮演一个角色，多让孩子给你讲书里的事，这样能锻炼孩子的思维和表达能力。

我女儿第一次自己读完《小王子》后，我就问："快告诉我吧，小王子怎么了？后来怎么样了？"这样就激发了孩子分享的欲望。她就知道，哦，原来爸爸也有不知道的事，她也就愿意来讲故事了，这对帮孩子建立自信心非常有帮助，也能让读书成为家人之间心灵的纽带。

下面分享一个亲子阅读中很有效的"互动阅读法"，有以下三种：

①**你问孩子问题**。问的问题要能启发孩子，帮他把书的内容和生活联系起来。比如，你家里养了只小狗，恰好孩子正在读的书里也有只小狗，你就可以问问孩子："宝贝，你说这只狗跟咱家的狗长得哪里像，哪里不像呢？"这样互动的方式，也会引发孩子的求知欲，使孩子积极主动地阅读。

②**孩子问你问题**。只要是跟读书有关的，你一定要回答，千万别说："你怎么那么多问题？"你一定要有耐心，他不断发问的这个行为，就说明他有兴趣，你一定要尊重。最重要的，不是他从书里学了多少东西，而是他对书有了多少兴趣。

③**你和孩子做游戏**。怎么让读书变得更好玩呢？最简单有效的方法就是做游戏。我们父母可以和孩子扮演书里的人物，一人选一个人物，演得好不好无所谓，演着演着，孩子的大脑就被激发了，也就更爱看书了。

7. 设立阅读目标

阅读，是需要视觉、语言、注意力、记忆力等多项能力完成的综合脑力活动。阅读要做到以下几点：①理解文字意思；②能复述内容；③能用自己的语言解读；④能用知识去展开想象；⑤还能深度地拓展。这才是真正的阅读。

可以先从词入手去引导。比如，让孩子把不认识、不理解的词写下来，他先自己通过阅读去理解，等孩子能用自己的理解猜出这个词的意思，就算完成目标了。等孩子能积累到 10 个新词了，你们可以去吃一顿庆祝一下。慢慢地，孩子积累的词就越来越多了，而这些词在写作文的时候自然也能用上。

大一点的孩子，也可以让他把自己的想法写出来，试着给你讲书。他整理自己想法的这个过程，本身就是在锻炼自己！咱们的目标，并不是孩子一定要完成什么，而是让孩子感受到阅读和写作其实就是一体的，阅读有所感，自然就能说出来，就想写下来。

8. 三步阅读法

下面的这个"三步阅读法"，适合已经可以自主阅读的孩子，具体就是：看一看、画一画、写一写。

（1）看一看

看书时，先快速看目录、大纲，知道是什么文体，是小说、科普类还是历史类。然后让孩子想想自己读这本书的目的，读这本书有什么期待，希望能获得什么……

（2）画一画

看书时做记号。注意：如果一味地画线会给孩子带来错觉，容易让他以为画出来就是记住了。最好是用符号做标记，写下核心的问题。

一般可以画出这些内容：段落的结构，段落的核心句子，核心句子的关键词。

135

（3）写一写

做笔记，不一定要边看边记，可以在读的时候写下关键词，等读完之后，看关键词之间的关系，再试着画张图，拿一张白纸，把整个文章的重点记一遍。这样能更好地理解内容，形成自己的思考和收获。

如果你的孩子已经读三年级以上，下面的内容非常重要，一定要仔细看。前面我们说的都是如何培养阅读兴趣，现在要重点说说**如何提升孩子的阅读理解能力**，这直接关系到孩子未来所有学科的学习。

不只是孩子，即使我们大人读完书之后，也经常会有下面这些感觉：

1. 记不住书里的内容

虽然读了本好书，但是读过以后没什么深刻的感受，或者刚读完书，就觉得已经快要忘记书里讲过什么了。

2. 碎片化的阅读

现在人们读书，经常是利用零碎时间进行碎片化阅读，这种一段一段、一章一章读的方式，很难把相邻的章节或段落结合起来，这就少了对整本书内容的把握。

3. 不理解背后的意思，找不到重点

有些孩子能够看懂文字内容表面的意思，但很难看懂背后的意思，或者是把一段文字读下来后，好像做了很多重点标记，其实根本就找不到其中的

重点。

出现上面的问题，就需要父母帮孩子培养**深度阅读能力**。深度阅读能力，不仅对语文科目的学习很重要，还是孩子学好一切学科的基础。同时，深度阅读会让孩子的思辨力、逻辑思维、理解能力和表达能力都有很大提升。

孩子的深度阅读能力要怎么培养呢？我们可以使用 4F 理解分析法。

Fact：这本书告诉我的事情（让孩子去了解故事）

Feeling：我对书中这件事或这个人物的感觉（帮助孩子去理解、去产生共情）

Finding：我对书中事情的分析与看法（锻炼孩子的分析能力）

Future：如果我遇到书中的问题，我会如何做（让孩子学会延展应用）

我们可以和孩子一起完成一个小作业，**用 4F 理解分析法分析孩子喜欢读的一本书：**

Fact（我读到）：＿＿＿＿＿＿＿＿＿＿＿＿＿＿＿＿＿＿＿＿＿＿

Feeling（我感觉）：＿＿＿＿＿＿＿＿＿＿＿＿＿＿＿＿＿＿＿＿

Finding（我认为）：＿＿＿＿＿＿＿＿＿＿＿＿＿＿＿＿＿＿＿＿

Future（我将来）：＿＿＿＿＿＿＿＿＿＿＿＿＿＿＿＿＿＿＿＿＿

三年级以上的孩子，家长可以多和孩子讨论**深度阅读的六大指标：**

①**预测：** 在阅读一本书之前，用提问的方式让孩子去预测，这本书中会发生什么样的故事呢？为什么它叫这个书名？

②**信息：** 读书的过程中，你在书中看到了什么？

③**理解：** 就故事发展过程中的细节提问，和孩子一起讨论其中重要的细节。

④**应用：** 这本书里的内容，跟我们的实际生活有什么关联？

⑤**整合：** 读完这个故事，你学到了什么？你觉得什么地方最有意思？

⑥评价：你喜欢这个故事吗？喜欢它的什么？

父母常用这样的语言激发孩子的思维，孩子也能经常深度思考读书的意义，这样就会使孩子整体的学习能力得到非常大的提升。因为深度阅读的能力，会让孩子体会到高效学习的魅力和好处，这个能力也会伴随孩子的一生。

杨绛先生说："读书好比串门儿——'隐身'的串门儿。要参见钦佩的老师或拜谒有名的学者，不必事前打招呼求见，也不怕搅扰主人。"

最后，我们说一下，**如何跟孩子沟通，他才会喜欢阅读？**

我经常遇到这样的情况，很多低年级的孩子在阅读时，流畅度都不太好。不少家长都跟我提到孩子如何不行，经常缺少耐心，直接用语言否定孩子，这就会使孩子失去阅读的信心。

家长千万不要在孩子读书时，控制不住而去吼他，不要这样说：

你读书怎么磕磕绊绊的？为什么就不能读流畅点！

看好了再读，不要一个字一个字地读。

像这样的说法，家长本来是好意，希望孩子能够流利地阅读文章或者课文，却忽略了两个重要的原因：

一是有生字，或者有孩子认识但不熟悉的字，孩子看到这个字的时候，就要反应一下才记得读音是什么，听起来就是在打磕巴。如果是这种情况，就让孩子朗读之前，把这段课文先看一遍，把不认识、不熟悉的字标上读音。二是朗读和理解不同步，这表现在断句上。就是孩子在朗读的时候，只是在发音，并没有同时去理解。孩子断错了分割点，这句话听起来就别扭了。

所以，我们家长可以这么做：

可以把：*你读书怎么磕磕绊绊的？为什么就不能读流畅点！*

改成：宝贝，我们可以把大目标换成小目标，只读这一段。先默读几遍吧。

可以把：看好了再读，不要一个字一个字地读。

改成：孩子，每个句子都是由很多词组成的，我们一起看看，这个句子里有几个词？

说出这样的语言，并没有直接指出孩子的错误，而是给孩子提供了一个可以实际操作的解决方案。这样孩子就会知道，怎么做可以解决当下的困难，增强信心，不会因为阅读不顺畅而讨厌学习。

阅读能力也是孩子学习能力的体现，父母用这样的语言引导孩子，孩子的阅读能力也会逐渐变强，考试的时候做题也会非常快，读一遍就能明白一道题的意思是什么，效率自然就高了。

当孩子的阅读能力有了进步，父母可以创造机会让孩子展示一下。比如，一篇课文，孩子读了几遍读得很熟了，就可以让他在爷爷奶奶、姥姥姥爷或者爸爸妈妈面前展示一下，让孩子体验到，这种经过努力付出之后得到的自信心和成就感。

最后强调一下：阅读并不是在短时间内就能让孩子脱胎换骨的，而是一个长期的、自然而然的过程，它能让孩子吸取知识、开阔眼界、乐于思考。我们家长要做的，就是尊重孩子的感受，使阅读成为一种愉快的体验。

小　结

1. 方法

让孩子爱上阅读的八大方法：

（1）循序渐进引导

（2）激发阅读兴趣

（3）固定阅读时间

（4）全家读书活动

（5）设置打卡奖励

（6）鼓励孩子分享

（7）设立阅读目标

（8）三步阅读法

①看一看。

②画一画。

③写一写。

如何提升孩子的阅读理解能力？

（1）4F 理解分析法

（2）深度阅读的六大指标

2. 话术

父母话术 2.6	
错误的话术 ×	**正确的话术 √**
只能看对学习有帮助、有用的书。	宝贝，你最近喜欢什么类型的书呢？
你读书怎么磕磕绊绊的？ 为什么就不能读流畅点！	宝贝，我们可以把大目标换成小目标， 只读这一段。先默读几遍吧。
看好了再读， 不要一个字一个字地读。	孩子，每个句子都是由很多词组成的， 我们一起看看，这个句子里有几个词？
这有什么看不懂的， 多看几遍就懂了。	孩子，具体是什么地方看不懂？ 哪一句、哪一个词呢？
那么多课外资料， 你什么时候能看完啊？	宝贝，你来选一下， 这三本书里，你对哪本感兴趣呢？
我花这么多钱给你买的书， 你一本都不看， 明天我就把它们都扔了。	宝贝，你的《上下五千年》能借我看看吗？ 我想看看"赤壁之战"是怎么回事。
语文考这么点分数， 还不是因为你不爱阅读， 你就是越学越赖。	我现在都有点后悔了， 如果小时候能多读点书， 我就能拥有更多选择的权利。

2.7
孩子对数学没兴趣怎么办？

"他偷偷跑进厕所，打开马桶盖，把数学作业扔了进去……"

这是一个妈妈说给我的，那是她五年级的儿子做的事。我第一次听到的时候，也在想：还有这么讨厌数学的孩子？看似这种做法挺极端的，但是也反映了很多孩子的心声：数学真的很讨厌！

乍一看，数学只是冷冰冰的数字、符号。其实，数学也是对**数字、图形、规律、几何空间、运动、测量、变化**的研究，是对孩子的**观察力、注意力、记忆力、想象力**的综合考验和挑战。

面对孩子讨厌数学这个问题，我们首先要了解，孩子学不好数学的原因，大概有以下几个方面：

1. 错过敏感期

这是一个非常普遍的现象，因为大部分的家长，总是习惯性地喜欢教孩子语文方面的知识，比如教孩子认字、说词、造句……

但是，很少有家长知道，孩子在 2~6 岁这段时间，尤其在 4 岁左右时，会出现"数字敏感期"，这时孩子会对数字概念如数、数字、数量关系、排列顺序、形体特征等，突然产生极大的兴趣，对它们有着强烈的求知欲。

如果在孩子 2~6 岁这个阶段，家长对孩子的数学启蒙做得少，孩子就很有可能以后学习数学比较吃力。

2. 上课不认真，思考不主动

孩子在学习上的问题都是有因果关系的。比如，孩子上课的时候不小心溜号、走神了，恰好老师这时候讲到一个关键的知识点，又因为数学是逻辑性强、讲究推算的科目，这个时候孩子漏掉了一点，后面的内容孩子就很难听懂。

知识点没掌握，下次还不会。而且，孩子不会的时候，也不会主动思考、寻找方法。很多时候是家长在家里管制太多、限制太多，不许做这个，不许做那个，孩子总是处在这种高压的状态，自己没有选择、尝试的权利，慢慢就会习惯性地不思考，遇到困难的时候，大脑就不愿意思考，还会自动给自己贴上"这道题我想不出来，我数学就是差"的标签。

3. 知识接不上

不喜欢数学的孩子，有一大部分是因为前面的基础知识没掌握好。数学就是这样的，环环相扣，前面学的往往是后面的基础。如果对前面学的内容不及时掌握、不能理解，就容易出现"跳棋现象"，知识衔接不上，成绩越来越差。

如果你问一个 3 岁左右的孩子，3 个苹果多还是 2 个苹果多？孩子肯定会回答：3个苹果比2个苹果多。但他并不一定能明白，为什么数字3就比2大。因为，在现实的世界里，抽象的数是不存在的。同样，对一个刚刚上小学的孩子，我们可以告诉他，3在2的后面，所以3比2大，他能够记住数字，也能够记住这样的规则，但并不明白为什么要这样规定，背后的逻辑是什么。

所以，总的来说，数学是一个从**具象思维**到**形象思维**再到**抽象思维**的学科，也是一种艺术。

家长如何才能帮助孩子喜欢数学、学好数学呢？其实，原则只有一个：**激发孩子的好奇心，让数学变得有趣！**

下面就来分享学好数学的几个方法：

1. 把数学融入故事当中

（1）棋盘和麦粒

从前有个国王，答应给智者一个他想要的任何奖励。智者回答说，他要国王奖励给他小麦，就在国际象棋盘的第一格放1粒小麦，第二格放2粒，第三格放4粒，第四格放8粒……就这样，每格都是前一格的两倍，直到64个格子全放满。

国王说："这还不简单呀，这整个国家的小麦都是我的，还不能给你一棋盘的小麦吗？"结果发现根本无法满足智者的要求，因为，全国的小麦都不够放的。最后得出要放的小麦粒数是：18446744073709551615（粒）。哇！把1翻倍60多次居然就成了天文数字，太神奇了。这是个关于指数的故事。

（2）"0"的由来

大约在公元前 1500 年之前，欧洲的那些数学家是不知道使用"0"的，他们当时用的都是罗马数字，罗马数字只是用几个符号遵循一定的排列组合顺序来表示数。在这些符号里，根本就没有"0"这个数。

咱们现在用的阿拉伯数字，其实是印度的计数法，应该叫"印度数字"。当时在罗马，有一个学者从**印度记数法**里发现了"0"，他发现有了"0"，运算实在是方便极了，他就把这个方法介绍给大家。

这事被罗马教皇知道了，他非常恼怒，教皇说："数是上帝创造的，根本就没有'0'这个怪物！"于是就下令把学者抓起来，还对他用了酷刑，让他再也不能写字。"0"被罗马教皇禁止了，但罗马数学家还是在数学中偷偷用"0"，直到后来"0"才被广泛使用。

（3）伟大的符号

从远古起，人们就知道 1+1=2。直到 1557 年的某一天，这个等式才被写成类似今天的样子，等式里的"等号"在 16 世纪才第一次亮相。

（4）打喷嚏

打喷嚏的时速竟然可以达到 160 公里，比我们开车还快。喷嚏最远可以喷至 4 米开外，而且，喷出的细菌能在空中飘浮 30 分钟以上。

作为家长，你听了刚刚这些有关数学的故事和关于打喷嚏的三个数字，是不是也觉得数学很好玩了呢？

类似这样有趣的数学知识、数学故事还有很多，多搜集一些，赶快给孩子讲讲吧。

2. 游戏和演练

（1）小超市

家长可以和孩子在家玩开超市的游戏。孩子当老板，家长来买东西，孩子每天就记卖东西得到的收入，这样不知不觉就把数学学好了。

（2）记账本

这个习惯非常好，家里准备一个记账本让孩子记，可以把当天花的钱跟孩子报账，让孩子算一下，全家一周或者一个月要花多少钱。这样，孩子就能明白哪些是必要的、哪些是不必要的，既学了数学，又学了理财。

（3）测量游戏

比如，大人在做饭的时候，会用到匙子、量杯，我们就给孩子说说什么是整数、什么是分数，请他帮你"接 1/2 杯水"，让孩子感知数字的奥秘。如果家长领孩子到超市，就可以问问孩子两个罐头哪个重，他就能知道"重"和"轻"的概念。或者家长把脚和孩子的脚放一块，让孩子说出谁的脚大。这是长度概念。在日常生活中，我们可以像这样轻松自然地跟孩子玩测量游戏，了解数学的各种概念。

（4）乘法口诀

有的孩子记不住乘法口诀，家长也可以和孩子玩拍手的游戏。比如，我们用 3 的乘法举例子，家长数 1、2、3，到 3 的时候就拍下手，孩子数 4、5、6，到 6 的时候拍下手，家长再数 7、8、9，数到 9 再拍一下，这样记乘法口诀就很有意思了。

又如，有关 9 的乘法口诀，我们可以做数手指游戏：

伸出双手，手心向上。左手的手指从拇指开始，顺次编号为 1、2、3、4、5；右手从小拇指开始，顺次编号为 6、7、8、9、10。

"几"和 9 相乘，就把第几号手指弯起来，这个弯起来的手指左边还有多少根手指，积的十位数就是几，右边有几根手指，积的个位数就是几。

操作如下：

一九，双手摊开，第一根手指（左手拇指）抬起来，左边没有数，右边九根手指。

二九，双手摊开，第二根手指（左手食指）抬起来，左边一根手指，右边八根手指。

三九，双手摊开，第三根手指（左手中指）抬起来，左边两根手指，右边七根手指。

……

九九，双手摊开，第九根手指（右手食指）抬起来，左边八根手指，右边一根手指。

这时候，孩子在游戏中就能感受到，在手指变动的过程中，两边数字此消彼长的关系，孩子也能发现两边数字加起来都是9。

（5）玩折纸

一张纸对折30次比珠穆朗玛峰还高。对折一次厚度是2张纸，折两次厚度就是4张纸，折30次的厚度是2的30次方，如果每张纸厚0.08毫米，折30次约等于85899米。2020年珠峰的高度是8848.86米，这可比珠峰高多了（还有个有意思的事，一张纸对折7次就没法再折了，可以让孩子挑战一下）。

折纸也能培养孩子关于图形变换、大小、倍数、空间的想象力，折三角形、正方形都行，对折两次中间的点就是正方形的中心点。还可以用折纸和孩子剪雪花玩。

数学，也可以多让孩子动手做，或者让他画一画，把抽象的数学具体化。比如，家长可以问孩子，一张正方形桌子有四个角，砍一个角还有几个角？这可不是简单的减法问题，这有三种情况，你可以让孩子拿张纸试试，答案分别是 3、4、5。这培养的是思维，让孩子知道条件不同，结果也不同，而**分析条件**是想要学好数学所必需的。

3. 抓基础

这里说的基础主要有两方面：**计算和概念**。

（1）**计算**

数学，最后都要涉及计算，所以，家长一定要引导孩子多做 20 以内的加减法和 10 以内的乘法。多练这两项，孩子以后做计算题就不容易算错，能保证准确率和速度。

有的孩子计算总出现错误，经常是因为**脑子走到了手前面**。比如，算 15×40，孩子写成了 660。这怎么办呢？家长可以让孩子做写数字的练习：从 1 写到 300。有很多孩子，写到 200 左右就容易出错了，这时候就需要回到 1 重新开始写。孩子这样每天练 20 分钟左右，很快就能手脑同步，计算能力也会变强。

（2）**概念**

如果孩子的数学概念不扎实，家长就要多支持，让孩子把之前的知识重新过一遍，先看基础知识，千万不能直接从难题给他辅导。

练习应用题，就要先在阅读、理解题意上下功夫。比如，行程问题，家长可以和孩子一起走一走，让他明白相向是怎么回事，追击又是怎么回事。如果孩子不理解，有可能是语文识字或阅读理解能力较弱，就要在语文上下功夫。这就需要你等一等孩子，等孩子的语文阅读理解能力提高了，理解应用题就不难了。

4. 使用错题本

孩子学数学的过程中，整理错题非常重要，这可以针对性地强化、巩固知识，让孩子做阶段性的总结，吸取教训。可以每天把不会的数学题记在错题本上，问题得到解决之后，每周找个时间集中复习一下。等到错题本上的题越来越少了，孩子的数学学习也就上了轨道。

家长还可以让孩子在临近期末复习的时候，拿张空白的纸，在不翻书的情况下，让孩子回忆：数学这一个学期都学了什么？孩子要先按顺序想，罗列出来，如概念、定义、公式等。孩子想不起来也没关系，他认真想的这个过程，就增强了脑回路，这就是孩子最好的学习捷径。

家长一定要重视：长久有效的数学学习，不是得到正确的结果，而是一种思维的提升——包括具象思维、形象思维、抽象思维。

在日常的沟通中，家长要如何说孩子才会喜欢数学呢？

我们回到开篇的案例，五年级的男孩把数学作业扔到了马桶里，妈妈来找我咨询："孩子非常讨厌数学，应该怎么办？"

我问这位妈妈："当时你是怎么说的呢？"

孩子妈妈说："我发现之后，狠狠地批评他：'你现在马上把数学作业重写一遍！'"

我说："在亲子沟通里，家长有六种旧角色，这就是常见的一种：**指挥者**。这种角色，总想保持优势地位，喜欢控制所有的事，经常会自然地使用命令警告孩子。"

孩子妈妈："那我不管他吗？"

我："这种情况下，比管更好的方式是'听'，也就是我们要先听孩子自己说说看，为什么要那么做。比如，你可以问问孩子：*'宝贝，你今天是*

不是心情非常不好啊？妈妈看到你和平时不一样，能跟我说说发生什么事了吗？'"

孩子妈妈："这能管用吗？孩子都把作业扔到马桶里了。"

我："你说得对，事实就是无论做什么，也改变不了作业没有了的结果。所以，我们要做的首先就是，从一个'指挥者'变成'引领者'，进入孩子当下的情绪中，**先解决情绪，再解决问题。**"

孩子妈妈："然后呢，什么时候把作业补上？"

我："你看，你的心里一直是关心作业比关心孩子更多。接下来，无论孩子有没有说出他的真实原因，我们都应该抱抱孩子，用这种非语言信息让孩子感受到，你能理解孩子的行为。这样几分钟后，孩子情绪平复了，你可以说：'其实小学生的数学，就两大秘密，一个是计算，一个是概念，我记得你刚上一年级的时候还给我讲过数学题呢。'"

孩子妈妈："这么说有啥用？他不写完数学作业，到时候老师还得批评我。"

我："刚才那段话有两个作用，非常重要。第一是'数学的两大秘密'，这句话是帮孩子从当下困难里摆脱出来，让孩子感觉数学没有那么难；第二是'一年级时还给妈妈讲过数学题'，这是让孩子找回曾经的自信心，让他知道自己也没有那么糟糕。"

孩子妈妈："哦，对啊，有道理。然后呢？"

我："接下来，你可以对孩子说：'宝贝，你今天太累了，去玩一会儿吧，玩 30 分钟还是玩 1 小时？'当你能体谅孩子学习的艰辛，站在他的角度设身处地地想问题，孩子就有一种释放的感觉。你再让孩子选择玩多长时间时，孩子的内心就有'妈妈对我这么体贴，如果玩的时间太长就对不起妈妈'的愧疚感。这就等于把孩子自己讨厌数学的问题，又还给了孩子，让他自己思考，今天的数学作业补还是不补，因为我们把选择权还给了孩子。"

孩子妈妈："哦，我学会了，谢谢老师！"

你看，无论孩子身上出现了什么问题，都不只是孩子的问题，或者只是家长的问题，大部分都是孩子和家长之间出现的沟通问题。

所以，家长要有一颗平常心，数学暂时学不好，并不代表孩子不好，他也许别的方面优秀。很多作家数学也一般，并没妨碍他们有所成就。

面对孩子数学成绩的落后，我们首先要做到在心理上接纳孩子的落后，其次要看到和肯定孩子曾经付出的努力和他实际收获到的东西，最后要陪伴孩子，和孩子一起寻找学习方法，在具体的问题上帮助孩子，允许孩子慢慢进步。

小　结

1. 方法

①把数学融入故事当中。

②游戏和演练。

③抓基础。

④使用错题本。

2. 话术

父母话术 2.7	
错误的话术 ×	**正确的话术 √**
你怎么这么马虎？ 这么简单的数学题都能算错！	其实小学生的数学，就两大秘密， 一个是计算，一个是概念，我记得你刚上 一年级的时候还给我讲过数学题呢。
你现在马上把数学作业 重写一遍！	宝贝，你今天是不是心情非常不好啊？ 妈妈看到你和平时不一样， 能跟我说说发生什么事了吗？
把这道错的数学题抄 5 遍， 抄不完不许睡觉。	宝贝，你今天太累了，去玩一会儿吧， 玩 30 分钟还是玩 1 小时？
小心点，计算别再错了， 要不然明天老师又得罚你。	孩子，我看到你计算的准确率越来越高了， 这个 66×20 这么快就算出来了。
谁像你啊， 每次写数学作业都会错。	我相信，你一定会成为一个有用的人！
数学有什么难的， 不就是计算吗？	宝贝，咱们的世界就是由数学构成的， 比如数字、图形、几何空间啊， 这些都特别神奇，你以后就会慢慢发现了。
你怎么这么笨，就考 70 分！	这么难的应用题你都答出来了， 简直超乎我的想象！我太为你骄傲了。

2.8
孩子写不好作文怎么办？

从小学一年级开始，孩子们就要练习看图写话了。明明是色彩斑斓、有场景、有人物的图画，孩子们硬是憋不出话来，并且写的人物，永远是小明或小红，结尾永远是这样的句子：小明可真开心啊！

到了小学三年级，孩子就要开始写作文了，几乎所有的孩子都害怕写作文。为什么呢？因为作文的好坏标准很难量化，作文差的孩子苦恼怎么写够字数，作文水平一般的孩子苦恼怎么写出新意，作文写得好的孩子苦恼怎么突破自己。

一位深圳的妈妈在跟我咨询的时候就说："张老师，我怎么才能帮孩子把他的作文写好啊？他一写作文，我就头疼，半天也写不出一个字。关键是作文有字数要求啊，得写 300 字，他足足憋了两个小时，七拼八凑，也只写了 200 多字，就这些还写得像流水账一样。"

这位妈妈的经历，很多家长可能都经历过，家长们苦恼的同时，几乎很少研究**为什么孩子写不好作文**。接下来，我们就一个一个说：

1. 体验太少

很多孩子写不出作文就是因为没体验。没体验和感受，想编都编不出来。作文里最常见的**"写人，写事，写景，状物"**，这些都和各种各样的体验有关。体验、观察、感受是表达和创作的基础。

如果孩子总是待在家里，是很难对现实生活有很多真实体验的。家长要在尽可能的条件下，多带孩子去户外、大自然中，给孩子创造更多体验的机会，让他们积累更多的素材，提高观察能力和感受能力。

2. 积累太少

从小学一年级开始，孩子就没有注重对好句、好段落、好篇章的积累，平时没积累，等到写作文的时候，写出来的东西都是千篇一律的。比如，写苹果就会写"又大又圆的苹果"，没一点特色，这样的作文也是没法脱颖而出的。所以，从小学开始，就要增强孩子写作的基础能力，同时，培养细致入微的描写手法。

3. 阅读太少

有很多孩子怕写作文，就是因为读书太少了，脑子里没有东西，肯定想不出来，也写不出来。知识就是输入、输出的过程，所以，家长应该引导孩子多读好书，提高语言文字水平，通过输入、输出的过程帮助孩子提升写作水平。

了解了原因，我们应该具体怎么做，才能帮孩子把作文写好呢？

下面来说一说写出好作文的五大方法：

1. 让孩子多体验、多表达、多书写

有句话说："功夫在戏外！"这"戏外"在哪儿呢？就是源于生活的丰富体验。家长可以经常带孩子到户外看看大自然，或去博物馆、历史古迹等地增加见闻，或者和孩子一起阅读，让孩子**多观察、多感受、多看、多听**，增加孩子的阅历。

除了观察和体验之外，还有更重要的事需要做，那就是交流、表达和书写。比如，去爬了一次山回来，我们就可以跟孩子交流今天爬山遇到了什么有趣的事，感觉怎样。你和孩子都可以说，相互激发。其实，孩子说的内容基本就是写作的内容，之后就可以和孩子一起把这些写下来。如果刚开始孩子不愿意写，你可以和他一起，让他说，你来写。不断练习，养成习惯，孩子自然就能"我手写我心"了，自己的感受和体验就能如实地写出来了。

孩子在写作文的时候可能出现一种情况，孩子本身书写速度就比较慢，可能他还没来得及写出来呢，本来还不错的作文思路就没了。

这时候，家长可以让孩子先说出来，然后你帮孩子快速记在便笺上，或者记录在电脑上，协助孩子尽快记录头脑中的思路、想法。等孩子讲完，你就把记下来的读给他听，让他感觉一下，看看两个人共同完成的作文要不要修改。如果孩子觉得要改，就让他在原文的基础上去修改。然后，让孩子做删减、筛选和排序，最后，再让孩子誊写下来。

之所以让家长写，是因为一、二年级的孩子还有许多字不会写，文字的表达能力也不够强。在写的过程中，家长只是助手，不要给孩子任何建议，而是充分调动孩子的想象力、观察力、表达力和创造力，让他写出真实的属于他自己的作文。这样写一段时间以后，孩子再慢慢脱离家长，自己去写作文。

除此之外，还可以让孩子去**背台词**。比如，孩子读一本书，或者看一场

电影、一部动画片，当孩子看到开心的时候，和他一起讨论："刚才这只小狗说什么了？发生什么事了……"让他回忆、重复一下里面的台词，这也是积累词汇、锻炼表达的好方式。

或者在日常生活中，当孩子刚读完一本书，我们可以和孩子轮流描述里面的一个人物，不要说这个人的名字，然后相互猜对方描述的是谁。

或者，你送给孩子文具、玩具，让孩子先详细描述一遍拿到这个礼物的感受，为什么喜欢……这是日常锻炼写作的实用方法。

2. 让孩子多阅读、多积累

借鉴和模仿是写作的起点。熟读唐诗三百首，不会写诗也会吟。阅读和写作是孪生兄弟，多看别人的优秀作品，孩子就算照猫画虎，也能写出好作品。尤其要让孩子多读课外读物，无论是诗歌、历史，还是科普、经典文学，都可以阅读。不用一开始就让孩子读整本的书，哪怕是其中一小段故事也行，可能不经意间读到的一句话，就能给孩子启发和灵感。

有时候，孩子读过的内容可能转眼就忘了，这就需要家长多问问孩子，帮他回忆读过的内容，加深对书里**好词、好句、好段**的印象，以便孩子能够通过别人的文字，明白如何书面表达，并扩大知识面，积累词汇和语汇。

其实，才华都是积累出来的，家长还可以给孩子准备一个素材本或一些小卡片，做好分类和标记，然后让孩子把自己发现的**好词、好句、好段摘抄下来**。这几页是关于天气描写的积累，这几页是关于人物描写的，这几页是关于动物、植物描写的，每天记一点，读一读，加深记忆。之后，作文要写运动会，是不是先要考虑一下天气怎么写，那就拿出素材本，先看别人是怎么写天气的。借鉴得多了，孩子慢慢就有自己的写法了。

除此之外，我们可以把孩子写的作文装订成册，每周找时间，把这些作文拿出来再看看，让孩子分析自己写作的优点和缺点。

也可以**鼓励孩子写日记**，让他把发生的事和想法记下来，比如这一天中最难忘的事情，去游乐园、去书店的记忆等。最开始孩子可能是当任务完成，慢慢地，孩子就愿意记录这一天中遇到的新鲜事了。

读书有点像往杯子里倒水，倒满了，水就会溢出来。在这个过程中，无论是家长还是孩子都要保持平常心，不急躁，在一步一步的行动中，就会水到渠成。

3. 从一句话开始，再逐渐修饰句子

俗话说"万事开头难"，孩子刚开始写作文的时候容易发蒙，不知道怎么写。家长可以先降低难度，让孩子只针对一个主题，只写一段话，哪怕只是一个句子都行。比如，刚开始写一句"我的妈妈很善良"，接着慢慢引导，等孩子有思路了，再要求孩子写一段话，写更多的段落，最后达到作文**"起、承、转、合"**的结构，这就启动了孩子的写作。

当然，写作文是有字数要求的，让孩子达到字数要求是个不小的挑战。为了达到字数要求，其中一个技巧就是：**展开细节描述**，这恰恰是孩子们不太擅长的。

家长可以先让孩子平铺直叙，把一个事情能够写清楚就可以，然后再挑出其中的一些句子，去尝试用一些形容词，或更换一些更生动、更有趣、更具备描述性的词，去修饰句子、增加细节，使文章更生动一些。

例如，孩子写："我今天终于去了迪士尼，我很开心。"可以这样问孩子："你去了什么样的迪士尼？是向往已久的？还是盼望很久的？"或者："你的开心是什么样的呢？一路上都兴高采烈，还是连蹦带跳的？"这些问题会激发孩子把事情描述得更生动、更具体，句子经过了修饰，作文的效果就大

不一样了。

这里介绍两个实用的写作文的方法：

（1）**扩句子写作文**

一个普普通通的句子，家长可以让孩子加上：数量、颜色、形状、方位、状态、时间、嗅觉、想象。

举个例子：树叶。

加数量：一片树叶。

加颜色：一片黄色的树叶。

加形状：一片黄色的扇形树叶。

加方位：一片黄色的扇形树叶，躺在地上。

加状态：一片黄色的扇形树叶，懒洋洋地躺在潮湿的地上。

加时间：傍晚，暖洋洋的阳光下，一片黄色的扇形树叶，懒洋洋地躺在潮湿的地上。

加嗅觉：傍晚，暖洋洋的阳光下，一片黄色的扇形树叶，懒洋洋地躺在潮湿的地上，散发出阵阵清香。

加想象：傍晚，暖洋洋的阳光下，一片黄色的扇形树叶，懒洋洋地躺在潮湿的地上，散发出阵阵清香，像一个玩累的孩子。

（2）**五感法写作文**

这也是一种常用的方法，就是用人的感官来进行修辞：**视觉、听觉、嗅觉、味觉、触觉。**

比如写：下雨了。

我们可以写成下面的样子：

雨点在天上互相追逐，在房檐上跳舞，它敲打着玻璃窗，仿佛在唱歌，它来的时候，空气也清新了。小雨点钻进我的嘴里，有一点咸。我用手接住雨点，它凉凉的，好像在对我说："秋天到了。"

小提示：作文里少用"很""非常"，显得俗气。

比如，孩子写：**早上很冷**。可以写成这样：一出门我就后悔了，真该穿上最厚的羽绒服。我边跺脚边把手放在嘴边哈气，不到一秒钟的时间，眼前就冒出一团白雾，前面什么都看不清了。

4. 激发孩子的想象力，提升孩子的表达力

记得在我上小学的时候，有一天上语文课，外面下雪了，全班的同学都往窗外看。老师看到了我们的状态，不讲课了，也和我们一起看雪。

等大家回过神，老师说："大家看得这么认真，咱们玩个游戏吧……每个同学用一个形容词造句子形容雪，要求是咱们班45个人，每人造的句子不能重复……"同学们全都傻眼了，但造句的时候都挺欢乐的，那天，我们也学到了45个不同的形容雪的句子。30多年过去了，这事我到现在都记着，也佩服老师，是老师激发了我们的想象力和表达力。

等我当了爸爸，有一次接女儿放学。那时候她上三年级，回家路上，她看见天特别蓝，云也特别白，我俩就站路边一直傻傻地看云、看天……其中有几朵云的形状很有趣，我就问女儿："你看那朵云像什么？"女儿说："这朵像大鱼，另一朵像一颗爱心，这边的像跳棋……"你看，只要你愿意，随时随地都可以引导和激发孩子的想象力。

再给你介绍两个提高孩子的想象力和表达力的小游戏：

①家长可以和孩子玩"故事接龙"。只需要准备一些图片，如动物、植物、交通工具、自然景色等，每抽到一张图片，就根据图片内容想象，并说出一个故事，既要承接上一个人说的故事，又要把图片内容编到故事里。随着孩子的能力提高，我们也可以增加难度，添加想象，运用修饰手法等，使故事变得更精彩。

②年龄大一点的孩子，我们可以把时间、地点、人物、事件这四类词语随机写在很多小纸条上，让孩子在这四类词语中每个抽一张，用这些不同类别的词语组成一句话，进而扩写成一段完整的故事。这个游戏非常锻炼孩子的想象力和逻辑思维能力。

5. 大声朗读作文

当孩子写完作文，我们还可以让孩子大声地把作文通读一遍。为什么要这样呢？因为当孩子大声朗读时，他就能检查出这篇作文哪里写得不通顺、不满意，也就会想要去调整优化，可以说"天下的好文章都是改出来的"。

大声朗读还有个好处：当孩子把自己写的读出来，这也是对自己写作这件事的肯定。

最后，孩子写作文一定要常常动笔，不要以为写几篇，就能有很大收获；不要以为写十篇，就可以大功告成。写作，在日积月累、持之以恒中才能形成自己的风格。要想达到这个境界，必须多多练习，并不断创新。

"知易行难"，帮孩子提高写作能力，家长也要保持平常心。写作是循序渐进的，不能想着一天、一周就能解决问题。只要我们用对方法，再多给孩子持续性的鼓励，孩子在写作方面一定会有收获。

最后，我们来说说要让孩子写好作文，我们要怎么沟通？

家长首先要做的就是不能当一个"**分析者**"。

家长不要说出下述这样的话：

告诉你多少次了，写作文不要把前后的时间顺序写错。

我觉得你又开始胡编乱造了，怎么可能有人跑得像闪电一样快！

你写不好作文的原因，就在于你不爱读书。

你为什么又在作文里说这么多废话，这样老师是不会给你高分的。

家长这样说话的时候，就像一个冷酷的旁观者一样，不断地去分析、诊断孩子的种种问题，并且把这些问题的原因全都推在了孩子身上，认为孩子是一切问题的根源。

我们可以转换一下角色，不当"**分析者**"，而是做一个"**唤醒者**"，一边唤醒孩子，一边认可和鼓励孩子。

把：告诉你多少次了，写作文不要把前后的时间顺序写错。

改成：孩子，这个第三段里，是先有早上还是先有晚上呢？

把：我觉得你又开始胡编乱造了，怎么可能有人跑得像闪电一样快！

改成：哇，这个人跑得像闪电一样，你写得太有想象力了。

把：你写不好作文的原因，就在于你不爱读书。

改成：这篇写运动会的作文确实不好写，有很多运动项目，咱们都不了解啊，家里也没有这方面的书。

把：你为什么又在作文里说这么多废话，这样老师是不会给你高分的。

改成：孩子，你写的这些是用了排比的手法吗？又像太阳又像鸡蛋又像笑脸的，真有意思。

小　结

1. 方法

写出好作文的五大方法：

①让孩子多体验、多表达、多书写。

②让孩子多阅读、多积累。

③从一句话开始，再逐渐修饰句子。

④激发孩子的想象力，提升孩子的表达力。

⑤大声朗读作文。

2. 话术

父母话术 2.8	
错误的话术 ×	**正确的话术 √**
告诉你多少次了，写作文不要把前后的时间顺序写错。	孩子，这个第三段里，是先有早上还是先有晚上呢？
我觉得你又开始胡编乱造了，怎么可能有人跑得像闪电一样快！	哇，这个人跑得像闪电一样，你写得太有想象力了。
你写不好作文的原因，就在于你不爱读书。	这篇写运动会的作文确实不好写，有很多运动项目，咱们都不了解啊，家里也没有这方面的书。
你为什么又在作文里说这么多废话，这样老师是不会给你高分的。	孩子，你写的这些是用了排比的手法吗？又像太阳又像鸡蛋又像笑脸的，真有意思。
你的作文就是流水账，从来就没写好过！	你这篇文章的结构已经非常清晰了，我像你这么大的时候，可写不出这么好的作文。
行吧，你的作文能写出来就不错，就算过关了。	哇，你把这个人的外貌写得也太帅了吧，你怎么想到用星星来比喻眼睛呢？
400 字的作文，写两个小时，你就不是写作文的料，赶快休息吧。	孩子，这篇作文你付出了这么多，真是不容易，我看到你的进步了。

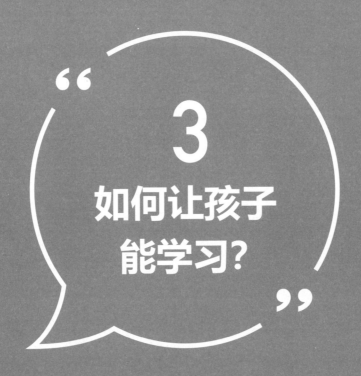

3

如何让孩子
能学习？

——提升学习能力

3.1
如何提升孩子的学习能力？

有位妈妈来找我咨询说："我家孩子一点学习能力都没有，现在都五年级了，他写作业、背课文还得全家动员，爸爸帮着完成数学，我去帮语文。我家孩子也算刻苦，即便我们这么帮他，分数也还是上不来。"或许不少家长都有这样的疑惑：孩子学习挺刻苦的啊，成绩怎么就上不去呢？

当时我就问这位妈妈："那你知道什么是学习能力吗？"妈妈回答："就是老师讲的，他都能记住，记忆力好，回家后还能自己学习吧？"我接着说："学习能力包括你说的记忆力、学习独立性，但学习能力是不是也包含学习的方法和技巧？有了这些方法、技巧，孩子学到知识以后，是不是就可以自己运用、迭代和进步了？"妈妈说："原来还有这么多啊。"

我们之前说过，孩子是天生的学习者。可是，为什么大部分家长感觉，孩子上了小学三年级后，他的学习能力变低了呢？

主要有三个原因：

1. 很多父母不知道什么是学习能力

如果我们问任何一个家长，什么是学习能力？得到的答案，可能都像开篇那位妈妈一样：我就希望孩子能记住老师讲的东西，写作业的时候不用我再给他讲一遍。

大多数家长期待的学习能力就是，能听：希望孩子在课堂上自己能听明白知识；能背：把记在脑子里的知识都记牢；能写：在孩子写作业、考试的时候，把听到的、记下的知识都写出来，得到一个好成绩。

但是，真正要想让孩子达到这三个目标，我们家长都忽略了一个非常重要的前提：**学习积极性**。也就是说，孩子要有学习积极性，才能主动听、背、写。

2. 过分强调孩子的记忆力

现在，几乎 90% 的家长都有一个标准：孩子只要能记住东西就是能力强。比如，孩子能记住老师在课堂上讲的知识，记住老师要求背诵的字、词、概念、公式、解释等等。他的记忆力越好，学习能力就越强，考试就能得高分，这是非常片面的想法。为什么这么说呢？因为记忆的后面要加上孩子的思考，也就是孩子除了记忆之外，要用思维能力去理解和变通，要能不断地迭代、更新自己，不然孩子就容易变得"**高分低能**"。

你会发现，我们身边有一些孩子，考试的成绩很好，可是在学科之外，能力极低，甚至连生活的基本常识都不知道。这样的孩子，在更高阶段的学习里，能力就会慢慢变低，因为他不能打破自己、迭代自己，只能学习现成的知识。所以，记忆力虽然是学习好的前提，但记忆力只是孩子暂时学习好的能力。

3. 不知道怎么培养孩子的学习能力

很多家长培养孩子学习能力用的都是短线思维，就是孩子现在哪里有问题、有弱项、有短板，就补哪里。比如，开篇的那位妈妈，用的方法就是：孩子写数学作业慢，爸爸帮忙；语文知识不扎实，妈妈就来帮忙。

讲到这里，家长们一定要记住，能力是由两个方面构成的：一个是**心理素质层面**，另一个是**方法技巧层面**。现在，请你思考一下，我们是先培养孩子的心理能力，还是方法能力呢？

现在，我们可以得到一个结论：**提高孩子的学习能力，就是在积极的心态下，懂得我们要做什么，也知道怎么做，只要我们持续做下去，就会得到一个好的结果**。

我要怎么帮助开篇的那位妈妈，让孩子提高学习能力呢？我建议她重点培养孩子的这三个特质和能力：**积极主动性、观察能力、思维能力**。

一、积极主动性

没有学习的积极性一切都无从谈起，想提高孩子的学习积极性，要做到以下几点：

1. 先给甜头，再多鼓励

要提高孩子的学习积极性，先要让孩子尝到成功的滋味。比如，孩子的语文好而数学差，写作业的时候，可以让他先做语文作业，再做数学作业；如果做题顺序相反，不仅数学作业做不好，语文作业也会受影响。

在做数学作业时，也要让孩子先做些简单的，保持孩子的积极性，然后再做难一点的题目。在考试时，也要让孩子由易到难。

对于孩子的优秀表现和取得的好成绩，父母不要吝啬使用赞美之词，具体清晰地说出孩子做得好的地方，孩子就会清楚自己的优势和努力成果。

2. 把握孩子的专注时长，灵活调配孩子的学习时间

不同年龄阶段的孩子维持专注的时长是不同的。就一般情况来说，3～5岁的孩子能专心5～10分钟，5～8岁的孩子能专心10～20分钟，8～12岁的孩子能专心20～30分钟，12岁以上的孩子才能集中注意力30～40分钟。如果我们让孩子做很长时间的功课，中间一定要有5～10分钟的休息，至少要让孩子舒展筋骨。根据孩子现阶段的专注时长，可以每学习一段时间，就简单活动一次。如果强迫孩子长时间学习，反而会使孩子积极性下降，适得其反。

3. 更多体验，激发好奇，刺激求知

要提高孩子的学习兴趣和学习积极性，就要不断地刺激孩子的求知欲。为此，我们可以经常带孩子去博物馆、动物园和图书馆，同时，可以根据孩子的阅读兴趣，给孩子买相关联的书，比如这段时间你看见孩子突然对数字、图形感兴趣，你就可以搜集相关的书给孩子看。

二、观察能力

对世界没有观察，哪儿来记忆？没有记忆，哪儿来思维？所以，孩子的

观察能力非常重要，它是所有能力的基础，没有它，后面的学习就很难扎实稳定。

我女儿六岁的时候，有一次我带她去公园玩，我们又是放风筝，又是划船，又是喂鱼，各种项目玩了个遍。回来后我问她："今天在公园都看到什么了呀？"女儿说："看到了很多人，还有鱼。"我以为她会说出很多东西，就继续问还有什么，她说："没了。"我想，可能是因为漫无目的地看了太多，反而什么都没印象了。

等过了几天我们再去公园，我就给了女儿一个明确的目标：找找公园里的小动物。从一进公园门开始，女儿就边走边找，一会儿告诉我树上有只小鸟，一会儿又告诉我看到一只蝴蝶，然后又说地上有只蚂蚁……那天我们在公园里待了两个多小时，她一直都是这个状态。回到家，她还兴奋地跟妈妈挨个儿介绍了一遍，细节都没落下。

培养孩子的观察能力，不仅有助于他们的学习，而且这也是一种会使孩子受益终身的能力。而观察能力往往都源于好奇，有好奇心的前提则是有趣、好玩。

虽然孩子都喜欢观察，但热情往往很难持久。家长可以在家里给孩子定一个持续变化的观察目标，帮助孩子养成观察的习惯和持久力。

我就曾经带女儿一起种过小豆苗，女儿每天都去观察，小豆苗跟昨天的样子一样吗？有没有发现什么新的变化？女儿还把小豆苗的样子画在本子上，她画的过程，就是认真观察的过程。

你也可以先让孩子观察你的衣服，看清你衣服上有什么东西，然后你进到房间里随便加上一件饰品，或取掉一件小配饰，再出来让孩子观察，看他能不能看出你的变化。这不但需要孩子观察仔细，还得记住你换装前的各种细节，可以锻炼孩子的观察力、记忆力和分析能力。

你还可以用孩子喜欢的积木、玩具来锻炼孩子的观察能力。比如，先摆好一组积木，让孩子观察，然后让他闭上眼睛，你挪动其中的一块或几块积木，再让孩子睁开眼睛观察，并说出哪些积木的位置发生了变化。

除了用眼睛观察外，还可以借助鼻子、耳朵、嘴、手这些感官。你可以带孩子用手去感知硬度、温度，用耳朵去听声音，用鼻子去发现味道等，这些都是对他观察能力的培养。

同时，我们所说的观察不仅包含观察学习方面的东西，还包括观察生活；不仅包括观察自然，也包括观察社会。孩子们可以通过观察天空、田野、动植物等具体事物的形态与变化，锻炼良好的观察力。这种观察能力如何转化为全面、抽象的能力呢？我们可以引导孩子观察社会、人群等更大范围的事物，帮助他们获得大而全、从具体到抽象的观察能力。

三、思维能力

一天夜里，物理学家卢瑟福走进他领导的实验室，见一个学生还在搞实验。卢瑟福问那个学生："这么晚了，你在做什么？""我在工作。""那你白天干什么呢？""也在工作啊！""早晨你也在工作吗？""是的，教授，我从早到晚都没离开实验室。"卢瑟福反问道："那，你用什么时间来思考？"

父母都希望孩子能过上幸福的日子，为了这个目标，我们都想用尽全力去培养孩子，学更多特长，考更高的分数，拿更多文凭……但真正能让父母放心的孩子，是能独立思考的孩子。

学会独立思考，是人一生中最有价值的本领。培养孩子独立思考和独立判断的习惯，应当始终放在教育的首位。怎样才能培养孩子独立思考问题的能力呢？

在思维能力里，家长要了解一个关键的概念：**后设认知**（meta-cognition），也叫元认知——"关于思考的思考"，其实就是我们俗称的**"反思"**。这是一种通过观察、理解，最终掌握自身思维的思考过程，也是指一个人对自己的认知历程能够掌握、控制、支配、监督与评鉴的一种能力。经常反思的人会比不经常反思的人更快乐，在学业上更容易成功。

后设认知具体怎么提升呢？家长只要让孩子常做两件事就可以了。

（1）演出来，写下来

为了让孩子的思维跟得上他自己的想法，可以让孩子通过想象，进行角色扮演游戏。通过演绎出自己"现实生活"的方式，就会触动孩子对自己和世界的反思与认识，这就像小孩子玩过家家游戏，用游戏的方式把生活再演一遍，自然就会引发孩子对自己生活的反观和直觉性的反思。

也可以让孩子多动笔，把他学习到的任何知识都写一写，因为在手写的过程中，大脑被迫放慢思考，来适应他的书写速度，自然而然，孩子对内容的思考也就深化了。年龄小的孩子，如果说不清楚、写不出来，也可以让他画下来，绘画的过程也是思考的整合过程。

（2）多讨论"为什么"

教育的本质是训练大脑，学会思考。很多父母经常说孩子不动脑筋，其实就是说明孩子缺乏反思，只是单纯学知识，没有有意识地去思考自己该用什么样的学习策略掌握知识、解决问题。

比如，当孩子不会做某件事时，反思能力强的孩子就会想：我哪里不会，我需要具备哪些技能才能完成，我如何掌握这些技能。他不会被很多问题的表象困住，而是可以通过表象发现问题，从而给自己全新的视角来解决问题。

家长可以多和孩子讨论各种各样的知识，多问孩子"为什么"，促使孩子更有意识地觉察和反思。比如，当孩子表述了一个观点，我们不要急于评判对错，而是多和孩子讨论，你为什么这么说呢？或者问一些假设性的问题："如果你是老师，你会怎么做呢？"当孩子向我们求助时，我们也可以问："你觉得你目前了解的知识有哪些？哪些方面是你不了解的？我们要从哪里入手？"这就是帮助孩子在脑袋中按下了暂停键，让孩子可以跳出来，看见整体，养成反思的习惯。

除了勤于反思，我们还可以**为孩子营造思考的氛围，给他们思考的时间和空间**。

在家庭里营造思考的氛围，对培养孩子的独特个性和创新思维非常重要。父母不能因为孩子小，就把他看成大人的附属品，而应该允许孩子有自己的世界、自己的空间。

很多父母从孩子读一年级开始就陪着他完成家庭作业，甚至代替孩子完成作业，很多时候，家庭作业几乎变成"家长作业"。这样**被动**的学习方式完全可以替换为另外一种方式：让孩子用自己的话，把他学到的知识讲出来，越通俗越简单越好。在讲述当中，我们可以适当提问，引导孩子复习相关知识。把课本的话变成自己的话，需要一个独立思考的过程，这个过程有助于加深孩子对知识的理解和掌握。

在生活中也是一样，当孩子对家长说出了真实看法时，无论是错是对，首先要鼓励孩子能独立思考。如果想法不对，家长可以以平等的态度提出自己的看法，由孩子来自行判断，切记不可把自己的想法强加给孩子。

当孩子提问时，家长要立刻给予鼓励，夸奖他肯动脑筋。随着孩子提的问题越来越多，他的思考就会越来越全面，独立思考的能力也会越来越强。

在沟通上，家长应该注意什么，才能提高孩子的学习能力呢？

首先，我们不能当一个"审判者"，轻易就对孩子的学习能力进行"宣判"，以为自己永远是对的，孩子永远都有错。所以，父母不要说出下面的话：

你就是不听我的，所以这次数学才考这么差。

我看你这学习能力是提高不了了，越学越差劲。

不好好复习能考好吗？我看你就是没有学习能力。

其实，类似这类"审判性"的语言，都是负向的沟通，别说提高孩子的学习能力了，就算是孩子最基本的学习热情，也会被家长打击得荡然无存。

我们可以把这些负向的评判语言转换为正向的鼓励语言。

可以把：你就是不听我的，所以这次数学才考这么差。

改成：孩子，这次的数学考试题有点难，你只是偶尔遇到了困难，这标志着你有新的努力方向了。

可以把：我看你这学习能力是提高不了了，越学越差劲。

改成：宝贝，偶尔失败代表不了什么，成功的人都是失败了很多次，不经历风雨怎么见彩虹呢，你说是不是？

可以把：不好好复习能考好吗？我看你就是没有学习能力。

改成：这次没考好，是不是因为上个月新知识学得太多了，你没时间消化和复习呢？你需要妈妈为你做什么？

正向积极的语言表达会卸掉孩子的心理包袱，会让孩子感觉学习能力弱只是暂时的，是可以改变和突破的，这样才能鼓励孩子在学习上进行积极、深度、全面的思考。

小 结

1. 方法

（1）积极主动性

①先给甜头，再多鼓励。

②把握孩子的专注时长，灵活调配孩子的学习时间。

③更多体验，激发好奇，刺激求知。

（2）观察能力

长期观察＋观察游戏

（3）思维能力

①后设认知（反思）：演出来，写下来；多讨论"为什么"。

②营造思考的氛围，提供思考的时间和空间。

2. 话术

父母话术 3.1	
错误的话术 ×	**正确的话术 √**
你就是不听我的， 所以这次数学才考这么差。	孩子，这次的数学考试题有点难， 你只是偶尔遇到了困难， 这标志着你有新的努力方向了。
我看你这学习能力是提高不了 了，越学越差劲。	宝贝，偶尔失败代表不了什么， 成功的人都是失败了很多次， 不经历风雨怎么见彩虹呢，你说是不是？
不好好复习能考好吗？ 我看你就是没有学习能力。	这次没考好，是不是因为上个月新知识学得 太多了，你没时间消化和复习呢？ 你需要妈妈为你做什么？
别学了，反正你也学不会， 找同学的作业抄答案吧。	这道数学题如果实在不会，就先放一下， 我们先做语文，这样能放松一下大脑。
你总是背错课文，就这几十个字 都背不下来，笨死了。	宝贝，你想一想，背这段课文， 还能用什么别的方法吗？
这有什么难的，就这十个单词， 我半小时就背完了。	孩子，你看看这些单词，哪几个最好背， 先选五个简单的背，然后休息十分钟。
你现在都不会学习， 等到了初中怎么办， 肯定越学越差。	我发现这个单元很有深度， 这就是考验我们之前的知识学得是不是扎实， 学习就是把知识连接起来。

3.2
孩子学习习惯不好怎么办？

"你怎么就不能认真检查卷子呢，就是因为你平时学习习惯不好！"这是一位来找我咨询的妈妈，对着她上五年级的女儿大喊大叫时说的话，因为孩子数学卷子答错了题，把第 6 题的答案写在了第 5 题上，第 5 题的答案写在了第 6 题上。孩子妈妈对我说："这已经不是第一次了，她读题和写作业就是不细致，都形成习惯了，这可怎么办啊？"

就像这位妈妈一样，不少家长会把孩子学习不好，归咎于学习习惯不好，可是很少有家长能准确说出，到底应该怎么培养学习的好习惯。下面，我们就依次从原因、方法和沟通技巧三方面讲讲，怎么引导孩子养成良好的学习习惯。

先看看导致孩子学习习惯不好的几大原因：

1. 家长溺爱

有一种爱，叫作"照顾得你不能自理"。很多家长，在孩子从小到大的成长过程中，都在不自觉地溺爱孩子。就像开篇提到的那个五年级的女孩，我后来了解到的细节是：孩子在上三年级之前，生活自理能力一直很差，妈妈帮忙的时候很多。比如，几点起床、穿衣洗漱、吃饭等都是妈妈负责，给她规划得井井有条、一丝不苟，完全不需要孩子自己操心。学习上同样也是如此，孩子在四年级以前，在家里写作业都是妈妈读题和讲解，遇到实在不会的，也是妈妈用手机在网络上搜解题思路和答案，再讲给女儿听。妈妈说，之所以这样做，就是看不得孩子学习受苦，希望孩子每次都能快点写完作业。这么做的结果就是，孩子考试的时候没有妈妈在身边帮忙了，读题、审题都没办法认真细致，考试粗心自然不可避免。

孩子良好的检查习惯不能够从小得到锻炼，她学习时就会怕吃苦，对学习总是维持三分钟热度，不能静下心写作业、学习，缺乏自制力，做事总是虎头蛇尾、半途而废。如果你的孩子有这些表现，就要重新培养孩子的学习习惯了。

2. 被动学习

有这种情况的孩子非常多，他们很少有详细的规划，老师讲到哪儿就学哪儿，学到哪儿就是哪儿，很少去安排时间、利用时间。而且一般习惯于机械记忆，不重视对知识的理解和内化，对知识生搬硬套，不能变通运用。

就因为孩子的学习是被动的，所以根本谈不上什么学习习惯，这样的孩子每天都被各种各样的学习任务赶着走。这就造成孩子处在一种被动的"应战状态"，疲于奔命，没办法建立良好的预习、听课和复习等习惯。这样时间越长，孩子就越不喜欢学习，甚至不认可学习中的自己，心里只想着逃脱。

3. 没有兴趣

当下的孩子，尤其是三年级以上的孩子，在学校要完成大量的学习任务，回到家里依然要完成读、写、背、练等任务，所以，孩子的学习兴趣会因为学习任务数量和难度的增加而降低。孩子会感觉学习不像低年级时那样有意思、有趣了，就会导致注意力不集中、缺乏耐性，写作文、计算、阅读时都是马马虎虎、敷衍了事等状况。

不少家长都说："孩子一旦养成坏习惯，就太难改啦！"我们具体该如何行动，帮孩子改掉坏习惯呢？下面分享五个帮孩子养成良好学习习惯的方法：

1. 专时专用

这一点是非常重要的，也正是很多孩子所缺少的。因为，现在很多孩子对时间的使用是混乱的，做事没有具体时间上的规划，完全是根据自己的喜好做事，而且做完一项，下一项该做什么完全看心情，根本没有紧急和不紧急、重要和不重要的区分。

家长怎么帮助孩子改正呢？其实非常简单，家长只要给孩子讲清楚某个时间只做某件事，说清楚道理，再认真训练就行了。

具体的做法是由大到小地列计划，意思就是先把一周分成两部分：①周一到周五；②周末。分好这两部分之后，列一个时间表：让孩子写下来周内做什么，时间怎么分配；周末做什么，时间又怎么分配。计划要简明，什么时间干什么，让孩子自己想清楚、写清楚。

家长这里一定要注意：这个"专时专用"时间表，一定要让孩子自己写下来玩的时间，因为玩是孩子的天性。没有玩乐的时间，孩子是不可能一直稳定且持续地学习的。

还要注意一点，这个"专时专用"时间表不要写得超过一个月。因为，首先，和孩子共同制定一个月的时间表，他的心里就没有那么大的压力，会感觉这个任务很容易完成；其次，只设定一个月的时间表也有弹性去调整，这样才能保证孩子的积极性不会减弱。我们家长也要跟孩子提前说清楚，虽然计划是可以调整的，但是目标不可以放弃。

2. 以终为始

什么叫以终为始呢？就是我们利用倒推法，选择一项孩子容易改进的习惯，先确定我们要到达的终点，希望孩子的改变达到什么目标、效果，然后我们再和孩子一起从当下的起点出发，循序渐进，以周为单位一点点养成习惯。

比如，开篇提到的那位妈妈，我给她的建议就是运用这个方法。她按照我的这个方法，先写出了希望孩子到达的目标：希望孩子每次学习都能细致地读好数学题。接着，她和孩子把目标拆解成具体可实施的行为——每天认真细致地把数学题读三遍，并标出每一道题的关键词。

在刚开始的前两周，孩子根本没有什么变化，还是会在学习、写作业的时候认错数字，读错题。可是这位妈妈做得非常好，她一直严格按照我说的要求，管住了自己的嘴巴，没像从前那样，一看到孩子出错就立马指正孩子、批评孩子的错误。

到了第三周中段，神奇的事情发生了，孩子读出的三道题，竟然没有一个错误信息，就在那一刻，孩子也尝到了这份付出的果实，对自己充满了信心，学习兴趣也越来越浓。更神奇的是，随着孩子读题变得越来越细致认真，她做其他事也越来越有条理，比如预习的习惯也慢慢建立了。妈妈问孩子是怎么做到的，孩子回答说："我只是偷偷给自己定了一个小目标，每天学习完之后，都要预习新知识几分钟。"

后来，这位妈妈很兴奋地跟我反馈说："有了这个以终为始的方法，我的心一下子就踏实了，每天都知道自己该干什么，在干什么，不再眉毛胡子一把抓，就像有了一条能严格运行的轨道，我每天都审视自己的行为，一旦发生偏离，就能做到及时调整。"

这里还有一个让孩子变好的隐藏性原因，就是妈妈和孩子之间的亲子关系改善了，妈妈不焦虑，孩子的压力自然也就变小了。

3. 两项以内

家长如果想要让孩子养成良好的学习习惯，一定不能贪多！开篇的那位妈妈之所以能成功，有很大一部分原因，就是只选择了改善孩子读题习惯这一项内容。如果这位妈妈既想让孩子读题认真，又想让孩子能快速背诵，还想让孩子把作业写得既工整又准确，那这位妈妈一定会以失败告终。

教育孩子是一辈子的事，千万别着急。因为，少即多，慢即快！希望改正孩子的不良习惯，我们在一个月的时间里，能做的选择和所设定的目标，最多不能超过两项。只有这样做，我们才不会因为孩子的坏习惯而焦虑，才会从容面对孩子当下的具体问题，才会在平稳的情绪下，和孩子保持良好的亲子关系，真正帮孩子一步步变好、变强。好的亲子关系，就是好教育的基础。

4. 持之以恒

孩子的坏习惯改好之后，还会再反弹吗？会的，因为人是有惰性的，有时候，孩子还会喜欢回到自己的舒适区，因为那里不需要努力、不需要付出。那家长该怎么办？

马克·吐温曾说："习惯就是习惯，谁也不能将其扔出窗外，只能一步一步地引它下楼。"我们家长明白了这个道理，就能从容淡定地面对孩子坏习惯的反弹了。

其实任何一个习惯的形成，大致都可以分成以下三个阶段：

1~7 天是习惯形成的初期，特点就是刻意、不自然。我们家长需要十分刻意地提醒自己和孩子去改变，而孩子在这个阶段也会觉得有些不自然、不舒服。这是正常的。

7~21 天会形成刻意但自然的习惯。就是孩子已经觉得比较自然、舒服了，但一不留意，孩子还会恢复到从前的状态。所以，家长和孩子都还需要刻意提醒自己，慢慢改变。

21~90 天就是不经意而自然的阶段，这一阶段被称为"习惯性的稳定期"。孩子一旦跨入这个阶段，他就已经完成了自我改造，这个习惯也已成为他生命中的一个有机组成部分。

我们家长了解了习惯的特性，又知道了习惯养成的规律，就不会担心孩子的习惯不好、改不掉了。剩下的就是持之以恒地坚持。

如果你想为改掉孩子的习惯做出更细致的努力，还可以和孩子一起，找一个不被打扰的地方，用半小时左右的时间，共同列出一个"不良习惯一览表"和"好习惯一览表"，然后认真分析一下，哪些要改？打算如何改？哪些要培养？打算如何培养？我们和孩子一定要明确，当下具体要做出什么改变：哪些是我们眼前要改变的，哪些是未来要修正的。接下来的事情，就是和孩子一起坚定不移地执行这个改进计划。

在执行的过程中，我们会发现，一个习惯的形成是经过不断反复的，许多孩子自制力比较差，在好习惯的形成过程中，容易出现反复、拖拉、敷衍、放任等现象，这就需要家长有绝对的信心、耐心去允许孩子失败。与此同时，当孩子的一个好习惯形成了，家长就要马上跟进、确认，把这个好习惯巩固住。

5. 以身作则

最后这一点也非常重要——家长要以身作则。如果孩子发现家长也有坏习惯没有改掉，那孩子的坏习惯就不会改掉。比如，一个孩子有不守时的习惯，他的父亲还总是不厌其烦地告诉他："一个人对别人做出的承诺就一定要兑现！"孩子这时候也许会说："不一定吧！不兑现承诺的人不是一样也能过得挺好吗？""怎么这么说呢？""你上星期就答应我，说是要陪我去玩，可是你并没有兑现，可你现在过得也不错呀，没啥影响！"

所以，当孩子一旦发现你有坏习惯，你却不允许他这样做，你的话在他的心中就大打折扣了。

在亲子沟通中，家长要如何说，才能帮助孩子养成一个好习惯呢？

首先，家长在发现孩子学习习惯不好的时候，不能当一个"批评者"。家长一定不要说出下面的话：

我怎么就是看不惯你趴在桌子上学习呢！你算是改不了了。

你就是学习习惯不好，老师讲的新课程从来不复习。

冰冻三尺非一日之寒，你都五年级了，还没养成写完作业检查的习惯。

当家长说出这类话时，就是在用苛刻的标准挑剔孩子的行为，或是用嘲笑、讽刺的方式表达对孩子的不满，这会压制孩子的学习欲望，让孩子有极大的挫败感。

我们可以这么做：

把：我怎么就是看不惯你趴在桌子上学习呢！你算是改不了了。

改成：孩子，我看到你趴着写作业，是不是学习太累了？来，休息一下吧，妈妈给你按摩一下后背。

把：你就是学习习惯不好，老师讲的新课程从来不复习。

改成：这是老师新讲的内容吧，宝贝，你脑子里的知识越来越多了，真棒。

把：冰冻三尺非一日之寒，你都五年级了，还没养成写完作业检查的习惯。

改成：五年级就是和四年级不一样，应用题的条件都这么复杂，学数学的关键就是要细致。

家长改成这样的说话方式，首先是"看见了孩子"，看到他对学习的努力付出、他的不容易；然后说出那种暗示性的解决方案，会给孩子带来一个新希望、一个新思路，就能帮助孩子从当下的困局中走出来。

小 结

1. 方法

建立好习惯的五个方法：
①专时专用。

②以终为始。

③两项以内。

④持之以恒。

⑤以身作则。

2. 话术

父母话术 3.2	
错误的话术 ×	**正确的话术 √**
你怎么就不能认真检查卷子呢，这就是你平时学习习惯不好！	宝贝，这次考试是不是很难，你有什么不懂的问题吗？
我怎么就是看不惯你趴在桌子上学习呢！你算是改不了了。	孩子，我看到你趴着写作业，是不是学习太累了？来，休息一下吧，妈妈给你按摩一下后背。
你就是学习习惯不好，老师讲的新课程从来不复习。	这是老师新讲的内容吧，宝贝，你脑子里的知识越来越多了，真棒。
冰冻三尺非一日之寒，你都五年级了，还没养成写完作业检查的习惯。	五年级就是和四年级不一样，应用题的条件都这么复杂，学数学的关键就是要细致。
妈妈相信你能改掉不爱预习的毛病。	宝贝，你希望自己养成什么样的习惯呢？需要妈妈帮你做什么？来跟我说说。
别人都能认真检查自己的作业，为什么你不能？你就是没有检查的习惯。	孩子，一个好的习惯需要慢慢养成，我愿意和你一起努力，我们来想想具体怎么做。
为什么不先背诵再写作业，等你写完作业都半夜了，怎么背？	宝贝，我们今天遇到了一个问题，不如这样吧，我们只背诵半小时，然后就休息，身体健康更重要。

3.3

孩子不会预习怎么办?

凡事预则立，不预则废。

如果孩子不爱预习、不会预习，听课质量会比较差，上课抓不住重点，而且，学习时间也安排得混乱、没有章法。提前预习，就能有好效果了吗? 也不一定。曾经有位找我咨询的爸爸就很看重孩子预习，从他儿子上一年级开始，就天天让孩子预习老师下节课要讲的内容，可是，他儿子都到三年级了，预习的效果一点都不好，成绩没有任何进步，甚至出现了讨厌预习的情况。

这是怎么回事呢? 其实我们大部分家长和这位爸爸想的一样，**认为预习就是提前看看老师下堂课要讲的知识**。根据我多年辅导女儿的经验，其实，预习是一个非常庞大的系统。我们根据**预习所涉及的知识范围和进行预习的时间段**，可以把预习分为**课前预习**、**阶段预习**和**学期预习**三种。而大部分家长和孩子只是做了第一种预习：课前预习，就是在上新课之前，利用比较短的时间，对所要学习的新内容进行预习，这种预习也可以叫分节预习；除此之外，还有阶段预习，就是把一个章节的内容学完之后，用较长的时间，提前了解一下下一个章节的内容，也叫分章预习或者专题预习；以此类推，当这个学期学完之后，我们可以引导孩子进行学期预习，就是指在寒暑假期间，去预习下一学期的学习内容，通过通读整本教材，粗略掌握全书的知识结构。

因此，预习其实跟复习一样，要想效果好，也得从宏观的整本书、整个章节知识脉络到微观的课前内容，成体系地一步步展开，帮助孩子调整和分解他的学习负担。同时，要想帮孩子建立良好的预习习惯，还得选择合适的预习时间和方法。

如果我们做好预习的三个层次，就会给孩子的学习带来这三大好处：

1. 提高听课质量

如果孩子能够提前预习课程，听课的时候就有备而来，他对自己所学的新课有了一个整体的了解：老师要讲什么，重点是什么，难点又是什么。这样听课的过程中，孩子就从被动接受，变成了积极学习。他完全可以根据自身的情况，在课堂上深度地专心听讲。

2. 巩固已学知识

上课除了在课堂上要学习新知识外，孩子也要用到旧的知识，预习能够使孩子发现很多记忆的"盲点"。如果以前学过的知识已经完全忘记了或者不扎实，预习就能帮助孩子在大脑中重新唤醒，当孩子发现自己某些方面的知识有所欠缺，回忆不起来，他就会主动去翻阅课本，复习前面学过的知识，把它们通通重新回忆起来。这样就能很轻松地跟上老师讲课的步伐，取得良好的听课效果。

3. 提高自学能力

预习，是孩子独立地接触新课知识，自己摸索、动脑、理解的自学过程。那些能长期坚持预习的孩子，往往是阅读速度快、思维敏捷，也善于运用分析、综合、归纳、概括和分类比较方法的。有很多学习好的孩子，就是因为长期坚持预习，获得了更多独立阅读和独立思考的自学机会。

虽然很多家长和孩子也知道预习的重要性，也做了预习，但结果和预期不一样，总是原地踏步，预习和不预习差不多。

下面，我们就具体说说应该怎么预习。

首先，就是要合理安排预习时间。

这涉及两个方面的问题，一方面是采用哪种预习方法，另一方面是孩子在预习上要花多长时间。如果能先搞清楚这两个问题，预习的目的就达到了。

一般情况来说，孩子在预习上花费的时间不需要太多，基本上一个小时就足够了。如果花费的时间较长，不仅达不到效果，还可能适得其反。

所以，如果是日常的学期中，合理的安排就是采用课前预习方法，在作业写完了之后，再花一小时左右的时间预习就可以了。下面，我把给我女儿的预习四步骤分享给你：

第一步：读一读。

这里有一个重点，就是在孩子预习新知识之前，脑海中要尽可能地联系以前学过的旧知识，使旧知识和新知识产生紧密的连接，然后再开始预习，因为知识都是相互联系的。

首先，孩子需要了解新知识的基本内容，用扫清字词障碍的浏览方式，快速把新知识完整地看一遍。

这种快速的阅读，孩子并不仅仅要靠眼睛，在阅读的同时，孩子的大脑也必须参与进来，去思考：文章的知识脉络是什么样的？这节课需要解决的问题有哪些？有哪些知识和以前学过的知识有联系？有哪些知识是陌生的？这些都是孩子要在快速阅读过程中完成的任务。

家长也可以告诉孩子，在快速阅读的同时绘制一个简单的表格，画出关键词，总结关键问题，列出这个章节的重要组成部分、主要条目。通过这样的做法，找出新课内容的重点、难点和疑难问题。这个绘制表格的方法，非常适用于单元预习、假期的阶段预习和学期预习。

第二步：画一画。

下面就来到了第二步：圈点、勾线、批注的阶段。这一步家长就要告诉孩子，在预习的时候，应该做到边读边画、边读边批、边读边写。

"**画**"，就是画层次、画重点。对于一个章节的内容，如果读了一段，孩子还是看不出层次，抓不住重点，说明孩子根本没读进去，就需要再读几遍。

"**批**"，就是孩子把自己的体会和看法简单写在旁边，这些体会和看法究竟对不对，孩子在听课的过程中，就能得到很好的验证了。

"**写**"，就是孩子把自己不懂的问题简单地整理出来。在阅读的时候，孩子肯定会遇到很多问题。比如，预习语文的时候，他会遇到很多生字和生僻的词；在预习英语时，会在某个单词上"卡壳"，或者是见到一些以前没学过的语法；预习数学，会遇到一些难懂的概念或者公式……

如何应对这些新的障碍呢？

不用担心，孩子只需要把问题记下来，或者做记号就可以了。

这时候孩子可以去查查以前的教材，翻翻参考书，争取弄明白。实在不懂的，就带到第二天的课堂上，在老师的讲解之后，这些问题肯定都能迎刃而解。

第三步：想一想。

"学而不思则罔"，我们家长接下来要教给孩子的，就是预习的时候学会**多提问题**。预习的时候，提问是一个非常有效的步骤。孩子要多思考：这句话为什么要这么讲？这个定律为什么是这样？

提问能使孩子集中注意力，敏锐和有选择地关注所阅读的字句，在预习新课内容的时候，孩子要提问，带着问题预习，这样才能对新知识有一定的了解。

孩子如何预先提出问题呢？非常简单，就是**把每节课的标题变成问题**。比如，孩子四年级的数学课本中，有一节的标题叫"乘法分配律"，孩子预习的时候，就可以把这个标题当成问题：什么是乘法分配律？

然后，孩子就会在预习的时候发现，乘法分配律可以用字母来表示，等孩子理解了字母代表的不同数字，就能够做运算，甚至可以衍生出新的题目来验证这种运算。这样孩子就不只是学会了一种方法，而是多种方法，他的学习劲头也会更足，更有获得感。

当孩子把标题变成问题后，他就会为了回答问题而去详细阅读这一节的内容。这种方法虽然很简单，但起到的作用非常大，这也是一节新课所要讲的知识重点和难点。

第四步：做一做。

家长要告诉孩子，在大致了解了学习内容之后，就要去检测一下预习的效果了，预习如果只看书，很多问题并不能被发现，这样的预习达不到理想的效果。所以，预习不仅仅是看书，还应包括做课后习题，这样做可以让孩子加深对知识的理解。

为什么还要做课后题？因为你只看课文，并不能有效地发掘这些问题：这节课里哪些是重点、难点？哪些会重点考？怎么考？课后的习题是新知识里最基本的东西，针对性也非常强。孩子也可以选择做参考书上的习题，但难易程度必须适度，答案也要有分析，这样能方便孩子理解；最后，孩子需要通过回顾做题情况，看看自己预习的效果怎么样，是不是需要调整和再改进。

这时候家长可以辅助孩子，在他完成习题后合上书本，让孩子在脑海里仔细地想一下：**刚才的预习，学习的主要内容是什么？下节课老师要讲的话，会重点讲哪些部分？自己懂不懂？预习的内容与之前的知识有什么联系？自己是否已经掌握？还有什么不懂的问题，需要上课时听老师讲？自己是不是总结写下来了……**

另外，关于预习，家长还需要注意以下三点：

（1）预习应当在当天作业完成之后进行

知识都是环环相扣的，孩子在巩固了当天所学的知识后，再以此为基础去接触新知识，可以让孩子更好地过渡和融合新旧知识，甚至达到触类旁通的效果。

（2）心里要明白：**预习不可能让孩子对每个知识点达到百分之百掌握**

如果都掌握了，还要老师讲课干吗呢？所以，孩子在预习的时候，如果实在有困难，切记千万不要死磕，我们可以标注出来，让老师解答或者和同学讨论，避免浪费大量的时间。

（3）预习要防止两个极端

一是**预习过粗**，有很多同学的预习就是流于形式、走马观花，只是翻开新课，看看老师要讲什么，画了画自己认为的重点——这种"预习"，也只是比别人早看了一遍而已；二是**预习过细**，花大量的时间准备新课，浪费时间的同时，打乱了其他学科的学习计划，又容易使课堂变得无趣，感觉自己都掌握了，没什么可听的。

最后说说，在亲子沟通上，应该怎么说，才会帮孩子更主动地预习。

首先，父母不能像以前那样，当一个喋喋不休的"说教者"，家长一定不要说出下述这样的话：

你这课程落下得越来越多，赶快去预习，不然上课都听不懂老师讲的是什么。

你现在就应该放下手机，别玩了，把明天老师要讲的新课好好看看。

马上开学了，你就应该把我提前给你买的书好好看看，提前预习！

这种"应该"式的说话方式，家长时时刻刻表现出的都是一个"说教者"的形象，让孩子不能主动接受，更不愿意积极配合。所以，家长可以这么做：

把：你这课程落下得越来越多，赶快去预习，不然上课都听不懂老师讲的是什么。

改成：学习就像打仗一样，你准备得越多，赢的可能性就越大。咱们提前预习十分钟，上课的时候就会更轻松。

把：你现在就应该放下手机，别玩了，把明天老师要讲的新课好好看看。

改成：宝贝，虽然你玩手机让我生气，但我还是想听听你的真实想法是什么。

把：马上开学了，你就应该把我提前给你买的书好好看看，提前预习！

改成：我刚才的态度不好，妈妈向你道歉，你是想说不知道怎么预习吗？

这种"迂回"再加上提问的方式，可以保证我们跟孩子在稳定的亲子关系下平等地沟通。而当家长说教的时候，孩子大多数时候都会口是心非。比如，家长说："赶快去复习！"孩子明明是因为解不开数学题而心里烦躁，正在用手机缓解自己的压力，这时候，孩子很可能会随时说出："我就喜欢玩手机，怎么啦？"接下来，结果可想而知，旧的问题没有解决，一场新的战争又开始了。

这时候家长先不要着急改变孩子的行为，要先确定一下孩子当下的感觉和心里的情绪是什么样的，千万不要奢望和孩子之间的沟通一步到位。这一点在亲子沟通中非常重要，尤其是面对三年级以上的孩子。

最后，家长要清楚，给孩子建立良好的预习习惯，完成从"被动学习"向"主动学习"的转变，让预习成为学习的常态，这非常重要，同时这也需要一个长期的过程。有很多孩子，经过一段时间的预习后，感到学习成绩并没有得到明显提高，就想放弃，这就太可惜了。因为学习成绩与多种因素相关，只有在做好预习的同时，再做好其他环节，学习才能取得满意的结果。

无论怎样，先养成好的学习习惯，就走上取得好成绩的路了！与孩子们共勉，加油！

小　结

1. 方法

合理安排预习时间：

第一步：读一读

第二步：画一画

第三步：想一想

第四步：做一做

预习的三点注意事项：

①预习应当在当天作业完成之后进行。

②心里要明白：预习不可能让孩子对每个知识点达到百分之百掌握。

③预习要防止两个极端。

2. 话术

父母话术 3.3	
错误的话术 ×	**正确的话术√**
你这课程落下得越来越多，赶快去预习，不然上课都听不懂老师讲的是什么。	学习就像打仗一样，你准备得越多，赢的可能性就越大。咱们提前预习十分钟，上课的时候就会更轻松。
你现在就应该放下手机，别玩了，把明天老师要讲的新课好好看看。	宝贝，虽然你玩手机让我生气，但我还是想听听你的真实想法是什么。
马上开学了，你就应该把我提前给你买的书好好看看，提前预习！	我刚才的态度不好，妈妈向你道歉，你是想说不知道怎么预习吗？
预习不就是提前看看书吗，有什么难的？	我非常信任你，相信你能自己带着问题，把老师要讲的新课看一下。
你不好好预习，在那儿发什么呆呢？	宝贝，我看到你刚才预习的时候，思考了很长时间，是有什么想法了吗？
你从来都不预习，到考试的时候能考好吗？	孩子，我昨天看到你写完作业又预习了一下，看来你会规划自己的学习了。
你怎么这么笨，怎么就不会预习呢！	孩子，我能帮助你解决预习的问题，我永远是你的后盾，来吧，咱们一起行动。

3.4

孩子不会复习怎么办？

要想学习好，复习不能少，学霸都是非常重视复习的。

我女儿在三年级之前，也不重视复习，结果到了四年级，数学变难了，她的成绩也慢慢下滑。我就暗自紧张：这数学还能追回来吗？

预习、听课、复习，这是孩子学习过程中的三大关键动作，可是90%的家长和孩子都把复习搞错了，觉得复习就是把书拿出来从头到尾翻翻、过一遍就行，甚至很多孩子只在考试前，才简单看一下课本。

其实，复习是要分成四个阶段的，分别是：**一天、一周、一月、一期**。意思就是一天之后要复习，一周之后要复习，一个月之后还要复习，一学期结束后考试前更要复习。

人的记忆的特点是，过了一小时以后能记住44%，一天之后能记住33%，一周后就只能记住25%了。这是德国心理学家艾宾浩斯的研究，他发现人的遗忘在学习之后立即就开始了，最开始遗忘的速度很快，然后逐渐变慢，这就是著名的艾宾浩斯遗忘曲线。

具体**一天、一周、一月、一期**的复习，我是用什么样的方法，让女儿的复习达到最佳效果的呢？

下面是我当时花了一个多月时间整理出来的**复习四步法**：

1. 一天的及时复习

打铁趁热，及时复习。什么叫及时复习？就是当天知识不过夜。

首先，当天的作业很重要，老师留的作业就涵盖了当天的知识点。我们家长要引导孩子，在写作业前要把当天学过的知识复习一遍。因为老师刚讲的内容，在孩子脑海中还保留着清晰的印象，这样复习起来就不费力。

我女儿每天写作业之前，会先用半小时时间复习当天老师讲的知识，然后再开始写作业，这个复习就是二次学习。回忆一下：今天老师都讲了哪些内容？有几个问题？有哪些已经弄懂了？哪些还不太懂？就像过电影一样，在脑子里过一遍，这会有非常好的效果。

如果孩子比较小，家长可以用提问的方式问孩子："今天的数学课都学了什么？语文讲到哪里了？"如果孩子能回答，你可以再说："你可以跟妈妈说说是几加几啊？"如果孩子想不起来，可以让他去看看书，把内容重新讲一遍。养成习惯以后，他就能及时复习了。

这样做有两个好处：**一是了解孩子当天的听课效果**。如果孩子能回忆出全部或大部分内容，那就说明他上课听讲的效果很好，思维和老师同步，能领会老师讲的知识。**二是能增强看书的针对性**。如果回忆的时候，孩子对某个内容回忆不起来，就会翻书查笔记，这就在无形中帮孩子把回忆不起来的部分，作为看书和记笔记的重点。

还要提醒一点：在对当天知识的及时复习中，整理课堂笔记这个步骤一定也不能省掉，要让孩子写得工整、易查。为什么很多优秀的同学，考试前显得很轻松？因为他们只需要看看平时整理的复习笔记就行了。而成绩一般的孩子，考试前就容易手忙脚乱，面对一大堆书本、笔记，不知所措。成绩的好坏，和同学平时能不能整理好笔记有密切的关系。

我这样让女儿做当天的及时复习，不仅及时复习了功课，还提高了写作业的速度，不到一个星期的时间，她就慢慢适应了。

2. 一周的漏洞复习

接下来，我就教女儿对一周学习内容进行复习的方法，填补一周学习上的漏洞，也就是把各科知识做个整理归类。

从周一到周五，孩子一定学习了不少知识，在这个过程中，由于各种各样的干扰，很容易有一部分知识学得不扎实。所以，孩子这一阶段的复习应以弥补漏洞为主。

怎么补呢？最简单、有效的方法就是**重读课本**。这就要求孩子把课本拿出来，把这一周所学的知识仔细读一遍，看有哪些知识点是已经掌握的，哪些知识点还似懂非懂。

这种复习方法适用于所有科目，就是哪一块知识还没有明白，还有所欠缺，就把这个漏洞补起来。我们家长要教孩子及时把遗忘、欠缺的知识补上，可千万别"欠债"，不然一拖再拖，前面的知识点没有掌握好，以后学习了新知识再来补，就晚了。

3. 一月的脉络复习

下一步，我就告诉女儿，在每个月的结尾，或遇到某些章节结束的时候，要全面、系统地对知识进行复习。那时候我刚好学了一个小技巧，叫思维导图，我就把做思维导图的方法教给了她。女儿刚学到这个小技巧的时候乐坏了，她觉得这个图表的画法非常神奇，简单明了，很快，她就厘清了一个月的学习脉络。

这时候的系统复习，就是要把孩子学过的知识串一串、练一练，把知识整理一下，看看它们之间的联系是什么。

孩子不注意厘清知识的脉络，所学的知识就是支离破碎、杂乱无章的，非常容易忘记。如果孩子能把所学的概念、原理进行梳理，就会将这些知识点连起来，形成一张"知识网"，组建自己的"知识大厦"。

4. 一期的考前复习

一个学期结束，这时候的复习就非常重要了。因为能不能考出好成绩，就看考前复习了。

有很多孩子一到考试就着急，为了不漏掉任何一个知识点，甚至把课本从头看到尾。这样的做法很不明智。即使考试涉及的内容再多、再广，也不可能考整本书，考试也是有重点的，这个重点一般就是老师在课堂上讲的要点。另外，考前复习时间也短，如果一页页看，很可能还没看完一遍就考试了。

考前应该怎样复习呢？我教女儿的是："5-4-3"三轮复习法。

我让女儿用 12 天的时间进行数学的期末复习，我们先把时间按照 5、4、3 分成三轮：第一轮 5 天，第二轮 4 天，第三轮 3 天。

第一轮 5 天——查漏补缺。

这一轮就是地毯式复习，以课本为主，把所有的基础知识、公式、概念都过一遍，查漏补缺。

查漏补缺的重点就是补基础知识，主要以课本为主。这部分如果过得比较快，时间就设置得短一点；如果过得慢，时间就设置得长一点。

在这个阶段复习的时候，可以让孩子准备一张白纸，一边看书一边把重点公式抄在上面，列一个目录和标题。因为如果只是看的话，就很容易走神，而且时间长了会疲劳，效率会很低。用笔写不仅可以保持专注、提高效率，还能整理出属于自己的复习笔记，方便之后检查。

然后，我们根据这个目录和标题，还有相关概念、公式，再让孩子合上书，尝试去做思维导图。在做的过程中，一定要记得让孩子边做边回忆学过的知识。如果遇到想不起来的知识，就回到课本中去看一遍，然后再接着做思维导图。

如果是四年级以上的孩子，思维导图就做复杂一点，可以让孩子把一些概念、公式、定理都补充到每一个标题的后面，这样他就知道每个标题都学了什么重点内容。

下一步，就是复习每个章节的知识点，做一两道对应的经典题。什么是经典题呢？一个是课本上的例题，比如课本上带有答案的题，就是经典题，它会让孩子深刻理解学到的知识点；另一个是老师上课的时候（尤其考前一周）写在黑板上的例题，这种例题老师都会重点强调，所以这也是经典题。复习经典题的时候，一定要遮住答案，一道道自己做，让孩子通过做例题，来检验自己是不是真的都学会了。

这5天全都在复习基础知识，复习完之后如果还有时间，就要去找一套简单的期末卷子考考孩子，让孩子重点做基础题目，比如选择、填空、判断这样的小题。让孩子重点测一测，经过一轮复习，还有哪些知识点不太熟练。我们可以把这样的题勾出来，放到下一轮，接下来就是第二轮复习了。

第二轮4天——专项突破。

首先，就是要找到重难点，怎么找呢？

第一点是看目录，哪个单元的页数最多，就可能是重点，就要把这个单元单独再复习一遍；第二点是我们在第一遍做经典题时，哪个单元出错最多，就再复习一遍。

怎么复习？

第一轮复习过基础知识了，第二轮就可以做一些单元综合题，可以让孩子再去看一看课本对应的单元，细看和消化一下，然后再做一套单元专项试卷或者综合练习题。

第三轮3天——模拟自测。

最后，就到了考前第3天，找一套期末综合题，让孩子练手感。这个模拟考试，尽量让考试时间、题型、难度都和正式考试基本一致，尤其是时间要一致，限时完成，时间一到马上停笔。如果孩子提前做完了，要求他利用剩下的时间检查，培养做完题检查的习惯。

等这些都完成了，再留1天的时间，把整个的考前复习做一个综合总结，让孩子把思维导图利用起来，把那些自己不太清晰的知识点和错题再梳理一遍。

还有一个提醒：考前不要记太多太杂的东西，要把精力聚焦到**错题和要点笔记**上。等到考试的时候，家长就告诉孩子，调整好心态，稳定发挥，积极应考就可以了。

在孩子复习的过程中，家长要用什么样的语言和孩子沟通呢？

我用的方法就是：**鼓励三步法——从行为到品质，从品质到习惯，从习惯到未来。**

很多家长都知道要夸孩子，不过往往都夸不到点上。比如，孩子在学校考试得了100分，有的妈妈就会说："宝贝你真棒！"或者，孩子在家里认认真真复习，妈妈看到了也会说："孩子，你真优秀，都会复习了。"慢慢地，妈妈就发现不对劲了，孩子对这些夸奖都免疫了，甚至有时候会反感。我们都说，好孩子是夸出来的，孩子越夸越有信心、越勤奋。可为什么我们的夸奖不起作用了呢？这是因为父母把夸奖的方法用错了，**空泛、夸大其词的赞**

美，会给孩子带来"偶像包袱"。

你这次夸孩子真棒，夸他主动复习，那孩子下一次复习就会担心，万一考不好，上次得来的偶像光环就保不住啊，那我还是别好好复习了，这就是**偶像包袱**。

家长总夸这个孩子好优秀、好勤奋，却没有指出具体的行为来为这些品质、能力做支撑，孩子就会有偶像包袱。这会让孩子以为：能力和品质是天生的、固定的，而不是在生活上、学习中一点点练就和成长的，它们是很难提高的。

还有，如果我们夸奖的目的性太明显，孩子也会不信，尤其是大一点的孩子。我们夸孩子爱学习、会复习，心里却抱着对结果的期望，期望通过夸奖，让孩子懂事、好好学习，可是这样的夸奖真的有用吗？孩子越大，他们的自我评价系统越成熟，就越不信这种空泛的夸奖。他会觉得，这样夸他是为了控制他，不自觉就会本能地反抗。

这就要用到鼓励三步法，先夸具体行为，然后从行为中抽取出品质或能力，再把这种品质延伸到习惯上，最后将这种品质或能力迁移到未来的行为中，也就是：**从行为到品质，再从品质到习惯，最后是从习惯到未来。**

开始是从行为到品质。比如，今天孩子把数学的应用题都做对了，家长就不能直接夸他说："*孩子，你好认真啊！把应用题做对了。*"认真是一种品质，你直接夸品质没用，这样夸，除了让孩子高兴一会儿之外，对他的成长没什么好处。

你要先观察出，孩子具体是怎么认真的，把那个具体的行为找到，要夸孩子的这个行为。

比如你看到，孩子在复习做应用题，他读题的时候，把关键词都圈出来了，答完后又把过程检查了一遍，这时你就明白，孩子是通过两个关键行为做对题的，一个是认真读题画关键词，一个是检查，这才保证了做题的正确率。

你就可以说："宝贝，我看到你刚才读题的时候，把关键词圈了出来，而且你算完这道题之后，又验算了一遍，你这样检查能保证没漏洞，真的很认真。"

这样孩子就明白了，我的认真体现在我刚才的两个行为上，一个是认真读题，一个是认真验算，这样题就做对了。而且这两个行为，都是可以迁移到我以后的解题中的，这就是从行为到品质。

然后，再说下一句话，从品质到习惯，再迁移到未来。这是你后面要接的话："你掌握了这种认真读题、认真检查的方法，慢慢就会形成你的好习惯，以后再做应用题，你就一定都能做对。"这就可以让孩子心中有对未来的愿景，下一次他就会更认真。

所以，鼓励孩子**不能空洞地夸奖，不能直接夸能力、夸品质**，需要用到**三步法，先夸具体行为，再到品质，再说一下习惯，最后指向未来**。

我是怎么鼓励女儿复习的呢？不能直接夸她复习认真，要先看她到底有哪些具体的行为。

就在那一次考前复习的时候，我发现女儿除了整理出思维导图之外，又列出了一个易错题的清单，我就对她说："宝贝，我看到刚才你在看数学思维导图的时候，又写了一个易错题的单子（行为），这就让复习升级了，你真的很会总结和规划（品质），这就形成了你的好习惯（习惯）。我真的很期待看你复习语文的时候，是怎么总结和规划的（未来）。"

所以，我们家长不能总是空洞地、有功利目的地去夸奖孩子，而是要真诚地鼓励他。我们需要仔细观察，找到孩子具体的好行为；然后从这些行为中抽取出来品质或者能力，让孩子知道哪些行为让他有了这种品质、能力；形成习惯以后，再引导孩子，把这些行为模式、品质和能力用到别的场景中，让自己未来的行为更成功。

最后，要提醒家长们一点：孩子在复习过程中会非常容易疲惫，这时候家长一定要做好后勤工作，适时给孩子补充能量，准备营养丰富的饭菜和水果。父母无声的支持，才是孩子克服困难的最大动力。在考试期间，也要做好充分准备，按时送孩子到考场，一定不要影响孩子的考试情绪。

通过今天分享的四步复习法，我女儿经过自己的努力，那年的期末考试考了全班第一。她的整体学习水平，也从那一年开始，渐渐稳步提升，其中重要的原因之一，就是她在那一年建立了良好的复习习惯。2022年，我女儿已经考上东南大学，成为一名大一新生了。

小　结

1. 方法

复习四步法：

①一天的及时复习。

②一周的漏洞复习。

③一月的脉络复习。

④一期的考前复习。

"5-4-3"三轮复习法：

①第一轮5天——查漏补缺。

②第二轮4天——专项突破。

③第三轮3天——模拟自测。

2. 话术

鼓励三步法

从行为到品质，从品质到习惯，从习惯到未来。

父母话术 3.4	
错误的话术 ×	**正确的话术 √**
快去复习，还有那么多单词都不会背，要不然就会越攒越多。	预习、学习和复习，是学习的三大关键，孩子，你觉得咱们在哪方面可以好好抓一抓呢？
明天就考试了，赶快看看书。	孩子，如果能找到一个适合你的复习方法，再把它养成好习惯，你背东西的速度一定会越来越快的。
我就是看不惯你这懒懒散散的样子，一点复习的状态都没有，真是烦死你了。	宝贝，我看到你现在很疲惫，是不是最近学习太累了？需要好好休息一下？
仔细看，走马观花的复习有啥用？	我记得这个第一单元，你当时练习得最好，用半小时的时间就全都记住了。
都是复习过的知识，语文就考这点分，你复习有什么用啊？	这次考得不好不代表你就是学得差，复习还可以用总结的方法，这样就可以把难点解决了。
写作业之前先去看看书，看老师讲的都是什么，要不然作业也不会写。	孩子，想要把作业写好、写快，可以先回忆一下，老师今天在课堂上是怎么讲的，就像演电影一样，在脑子里过一遍。
宝贝你真棒，真会复习！	宝贝，我看到刚才你在看数学思维导图的时候，又写了一个易错题的单子，这就让复习升级了，你真的很会总结和规划，这就形成了你的好习惯。我真的很期待看你复习语文的时候，是怎么总结和规划的。

3.5
孩子记忆力差怎么办？

我女儿上五年级的时候问我："爸爸，老师让背一篇课文，你有没有什么好方法，能让我快点背下来啊？"

"哦！我小时候也问过自己这个问题。后来我知道了艾宾浩斯遗忘曲线，我就懂了。我们人类的大脑有个特性，不是记不住，而是找不着。"

"什么意思啊？"

"我们学的知识是能记住的，但是，时间越长就会忘得越多。比如，你能记住今天早饭我们吃的是什么，但你不一定能记住上个月的某一天早饭吃的什么。"

"那怎么办？"

"很简单啊，用提高记忆力的方法锻炼自己，加强记忆力。"

"你快教我一个锻炼无敌记忆力的方法吧，我都快忘了今天早饭吃的是面包了。"

…………

记忆力，听起来有点深奥，其实并不神秘，我们可以换个说法：如何让孩子更聪明？聪明不是天生的吗？还有方法可以改变吗？其实，后天的训练也可能改造大脑，就算不能改变很多，最起码也可以用方法提高大脑的使用效率。可以说，提高记忆力就是提升大脑的使用效率。

先说两个有关记忆力的秘密。

一是**大脑是个分类存储的"储藏室"**。进入大脑的信息都是分散着被存入大脑的。比如，有关颜色的进入一个储藏室，有关味道的进入另一个储藏室，有关词语的进入其他的储藏室，等我们想用的时候再重新组装在一起。但是，这些记忆碎片会随着时间的推移而移动，从这一部分跑到另一部分，这就是我们记不清很多事情的细节的原因。

二是**大脑更喜欢记住一些比较极端、带着情绪色彩的故事类信息**。我们喜欢的、不喜欢的，好看的、难看的，高兴的、不高兴的，爱的或者恨的，这种有故事性的内容更容易被大脑记住。这是记忆的特点。孩子也是这样，更喜欢听故事，喜欢听有着浓郁情感色彩的故事。

下面再说说，我们的记忆力在什么时候最好。我们家长一定要记住：人在一天的生活中，有四个时间段记忆力最好。

①早上起床之后。大脑经过一夜的休息，在这段时间可以学习一些比较难记又必须记住的东西，比如大段落的课文、英语单词、数学概念或者公式。

②上午8~11点。这时候，人的肾上腺素的分泌会很旺盛，精力也比较充沛，大脑具有非常严谨的思考能力。

③下午6~8点。孩子在放学的时候，用这段时间去回忆、复习当天学的东西，或者分门别类地分段记忆，效果是非常好的。

④睡前1小时。家长帮孩子利用好这段时间，对难以记忆的东西加以复习和巩固，孩子的大脑印象会更深刻。

我就是充分利用了上面的这四个时间段，帮女儿在一天的时间里，把一篇长课文背下来的。家长们也可以好好利用这些时间，聚沙成塔。

找到了合适的时间，要具体怎么操作，才能帮孩子提高记忆力呢？

我们可以利用三种技巧，也就是运用好记忆的三要素：**有序输入 + 增加线索 + 多次提取 = 记忆深刻**。

1. 有序输入

无论让孩子记什么，一定让孩子先理解，因为，**理解是记忆的基础**，如果孩子都不理解自己要记的东西，记忆就没意义。**同时，记忆也是理解的基础，记忆帮理解提供了充足的原材料**。所以，阅读、理解、记忆、表达是互相作用的，很多孩子的记忆力不好，实际上就是阅读理解能力出了问题。

孩子看一段文字的时候条理分明，等于记住了一个很整齐的房间里，柜子在哪儿，桌子在哪儿，而且能理解为什么要这么摆放，所以记忆的负担特别小。但有些孩子因为阅读理解能力较差，看到需要记忆的东西，就好像是看到了一个乱七八糟的屋子，记忆的难度自然就非常大。

有序输入的意思就是：先别管孩子能不能记住，最起码要保证知识进入孩子大脑时，是有次序、相关联、可被理解的。

在生活中，可以多**锻炼孩子的观察能力**。有个好方法就是，**视觉顺序记忆法**。这个顺序，可以是时间上的，也可以是空间上的。比如，从上到下、从前到后、从几点钟到几点钟、从甲到乙等。

练习方法非常简单，家长可以让孩子按从上到下的顺序，记一下蓝天是什么样子的？有没有小鸟？我们戴了什么样的帽子？上身穿了几件衣服？下身穿的是什么？脚上的袜子和鞋都是什么颜色？……

如果是周末、假期带孩子去动物园，游玩回来之后，我们可以问孩子：在动物园里都见过哪些动物？一进门先看到什么了？离开动物园前，最后见了什么动物？

他想的时候，脑海里会重现一些画面：刚一进门，左边是漂亮的孔雀，孔雀的后面，是几只猴子趴在假山上，再往里走，突然就听到老虎大吼一声，老虎的右边还有一个小卖铺，我们还买了冰激凌……

这种视觉顺序记忆法，除了能帮助孩子提高记忆力，还有一个作用：提高孩子的写作能力，让孩子明白要描述清楚一个人、一件事，可以遵循一定的顺序依次描述，抓住相应的细节详略描述。

2. 增加线索

有时候，孩子记不住学习内容，主要是因为线索太单一，所以，我们可以给孩子要背诵的内容增加一些好玩、有意思的线索，来增加记忆条件，让孩子更有"画面感"地记忆，如果再加上**喜怒哀乐**的情绪，孩子就记得更好了。

爱听故事是孩子的天性。家长可以把孩子要记忆的内容编成小故事，还可以跟孩子进行角色扮演，把要记的内容融到角色对话里。也可以让孩子自己编故事，既记住了内容，又锻炼了思维表达能力。尤其是低于三年级的孩子，家长可以从**形象、声音、色彩和感受**上引导孩子，帮孩子记住内容。

有时候，出问题的不是记忆力，而是孩子的注意力。这里再给你分享一个用集中注意力提升记忆力的背课文小妙招，我给女儿使用过这样一个背课文的好方法，非常管用：**分解、慢速、捂耳朵**。①把课文的内容分开，按段落背，但是要先背难背的段落，这样可以提高效率；②慢速读，让孩子能读多慢就读多慢，这样他的印象才会深刻；③把耳朵捂住背，声音进入内耳，能印在海马区，记忆会更深刻。

3. 多次提取

很多时候孩子并不是忘记了，明明记住过，却提取不出来，这时候提取练习就可以解决类似的问题。想让孩子做好知识的提取，可以用"**复述记忆法**"，这个方法可以用在很多地方，尤其适合用在考试的时候。

首先，把要记忆的内容**整理**一下，让它更好背；其次，让孩子把它**复述**出来，确保能背会；最后，就是要**经常回忆**，每隔一段时间，就让孩子回忆一下，以防止遗忘。

整理这部分分成三步：分解、联系和关键词。

我让女儿背课文，就是先让她把课文分成几部分，让她给我讲不同部分主要讲了什么，一般按照自然段来分，第一段意思是什么，第二段讲什么……后来，她把这个方法用在了别的科目上，经过一段时间的分块练习，她兴奋地告诉我："爸，记忆力真是学习的基础，我发现记忆力好的时候，考试就像开了挂一样，整本书的目录都在我脑子里。"

当孩子能自己分解要背的内容了，也就知道了不同部分之间的联系、上一段和这一段的关联、上一个单元和这个单元的联系。

最后就是记住适当的关键词，大脑是很神奇的，有时只记关键词，就能把空缺的内容填上，孩子一想起关键词，基本就知道这段话的大概意思了。比如，孩子背古诗、课文，就让孩子在句子里标注出一些关键词，用关键词去打通需要背的那些点之间的联系，并组织串联起来，把短期记忆转化为长期记忆。

想要实现更细致的复述提取，我给你分享两个不同的方法：**顺序提取和乱序提取**。

顺序提取就是对着书上的目录或者小标题，让孩子讲出每一节的内容，看能不能说清楚。对记忆知识来说，目录本身就是框架，对着目录复述完了之后，孩子的框架感一定就会特别好，最后达到对着目录可以复述出全部内容的程度就算成功了。

如果孩子对着目录都说不清自己学的是什么，根本就没办法参加期末考试，因为对自己这学期学了什么都不太清楚。而且考试的时候，不是按照顺序来考的，所以我们还要学会乱序提取。

乱序提取是一个加固知识点的好方法，当孩子能够多次乱序提取之后，说明知识已经记得够牢了。很多孩子总觉得自己记住了，但是别人一问就忘了，其实，这就是因为没练习过乱序提取。

练习乱序提取，家长可以给孩子用速记卡，把需要记忆内容的关键词写到卡片上，然后随意洗牌、抽取。首先，让孩子对着这个词复述相应的内容；其次，回想它的上一个和下一个关键词；最后，把它们穿成一条线。

当你发现孩子对着这个词什么都说不出来的时候，就要给这个卡片做标记，那这就是孩子非常不熟悉的卡片，然后去书上翻对应的内容。这样孩子也能找出自己记忆的死角，多做这样的练习，孩子早晚会达到随意提取、绝不忘记的程度。

刚才我们说到的复述提取记忆法，其实已经触到了记忆的本质，那就是记忆本质上不是输入，而是输出和分享。在复述的过程中，自然就记住了，也正因为记住了，才能讲述和输出。

一个星期六的下午，我把下面这张图拿给女儿看，她看到这张图，就像发现了新大陆一样。她说："爸爸，我看了这个学习金字塔才发现，你以前教我记忆方法，都是在教我主动学习啊！"我说："是啊，我每次和你一起玩复述记忆的游戏，就是希望你能主动学习，以后能把知识也教授给别人。"

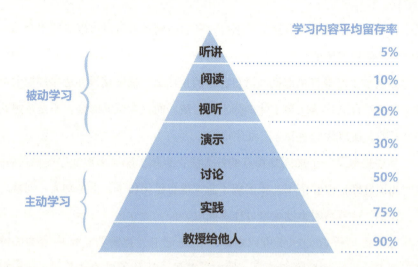

学习金字塔
（图片来源：美国缅因州国家训练实验室）

学习金字塔理论最早由爱德加·戴尔在 1946 年提出，该模型形象地呈现了用不同的学习方式的学习者在两周以后，还能记住内容的程度（学习内容平均留存率）。我们看到：从塔尖到塔底，记忆留存率越来越高，而在金字塔底座的学习方式是"教授给他人"，能记住 90% 的学习内容。爱德加·戴尔提出，学习内容平均留存率在 30% 以下的几种传统方式主要是个人学习或被动学习，而记忆效果在 50% 以上的，都是团队学习、主动学习和参与式学习。

知道这个原理后，我们就了解了孩子仅仅依靠每天在学校的学习，是没法保持长久记忆的，这时候我们可以邀请孩子以老师的身份和你分享学习内容。一来，很多孩子喜欢玩角色扮演的游戏；二来，我们也可以从孩子的分享中，了解他的薄弱部分，而且可以提高孩子的学习内容留存率。

关于复述记忆法，很多家长可能还有个疑问：孩子是多次复习了啊，可记住的东西还是爱忘，这是怎么回事啊？

这就涉及复述记忆法的另一个问题：多次提取的重复节奏要怎么把控。上一节我们说过艾宾浩斯遗忘曲线，按照艾宾浩斯遗忘曲线，遗忘在学习之后立即开始，而且孩子遗忘的进程并不是均匀的，最初遗忘速度很快，以后逐渐缓慢。所以，家长可以根据遗忘规律，设定一个记忆节奏：就是让孩子在背过知识的 1 小时之后、8~9 小时后、1 天后、3 天后、6 天后等时间点去重复回忆，这就是我们说的多次提取。让孩子通过顺序提取，建立框架感；通过乱序提取，达到随便提哪儿孩子都能复述的效果。

说到这儿，有必要再提醒一下各位，有时候孩子记忆力不好，是因为他不善于遗忘。**其实，遗忘也是一种能力。**

遗忘并不是记忆的天敌，相反，它是我们大脑拥有的一个非常重要的能力。和大多数人不同，有些孩子是"超级记忆者"，他经历的所有事，几乎都能准确记住，某年某月，在哪里和谁做了什么，都能在他的大脑中被精准地存下来。这样的孩子，其实很难与人正常沟通，因为他有一种特别的通感，甚至当他看到一段话时，就能同时感受到一种气味、颜色或者身体触感。比如，别的孩子背单词，只会记忆单词的意思，但"超级记忆者"还能感觉到这个单词的颜色和味道。所以，当他听到别人说话时，因为有特殊的通感，会让他联想到很多不必要的信息，导致很多信息都会浮现在他脑海中，抓不到对方说话的重点，拎不清记忆的重点。所以，这样的孩子，没办法去分辨哪些事重要、哪些事不重要。而我们大多数人，虽然常会忘事，但正是这项**遗忘的能力，让我们主动筛选对自己来说重要的信息，提醒我们要把精力放在更重要的事情上。**

家长要帮助孩子**"策略性走神"**，也就是让孩子专注一段时间后，再留一段时间用来休息、"走神"，有计划地休息、放空。比如，走出房间换一个环境，最好周围没有任何和学习相关的东西，这能让大脑清醒，帮助孩子继续之后的学习。

最后说说，在亲子沟通中，家长应该怎样说才能帮助孩子提高记忆力。

首先，我们要有耐心，做到不要以自己的思维、能力为标准去评价孩子，不能说出下面这样的话：

就这十个单词，怎么就背不下来呢！

你笨死了，两个小时了都背不下来一首古诗。

我都陪着你练了三天了，你还是背不下来，换我小时候，半小时就背完了。

乘法口诀有什么难的，我跟你一起背，一会儿就能背完。

当家长这样说的时候，会让孩子感觉：我天生就不是学习的料，也记不住这些知识，你还偏偏要我快点背完，真的太难、太烦了。孩子心里一旦有了这样的想法，就会失落，甚至消极，如果长期处在这种否定情绪中，即使没有表现出来，这种伤害也会比我们想象的要深远。

其实，我们可以不说有关孩子没记住的部分，而说孩子做到的、能给孩子带来自信心的部分。我们可以这么做：

把：就这十个单词，怎么就背不下来呢！

改成：宝贝不错啊，这两个单词你都能背下来了。

把：你笨死了，两个小时了都背不下来一首古诗。

改成：孩子，李白的这首诗，你第三句背得特别好，而且你背的时候表情也非常好，你就像李白一样帅气。

把：我都陪着你练了三天了，你还是背不下来，换我小时候，半小时就背完了。

改成：宝贝，我看到你这三天都放弃自己玩的时间，一直在努力背好这篇课文，真是辛苦了。

把：乘法口诀有什么难的，我跟你一起背，一会儿就能背完。

改成：这个乘法口诀，有没有什么规律呢，我发现乘5以前的你背得特别快啊。

如果说，只用一句话就能让孩子提高记忆力，那么这句话就是：**孩子，我看到了你的进步**。因为，我们在前面就说过，让孩子在学习上自发行动的方法，就是让他在做这件事的时候，感觉"我是好的"，这样孩子才有积极主动的意愿和行为。所以，当我们说出看到了孩子的改变时，他的感觉一定是好的，因为，你看到了孩子的付出、刻苦、坚持和耐力。

最后，家长要学会保护好孩子的注意力，因为，一旦孩子的注意力不集中，记忆力也会随着下降。我们要尽量给孩子创造一个安静的空间环境和心理环境，孩子记东西的时候，家里别太吵，也不要总训孩子、吼孩子，这都会影响孩子的学习和记忆效果。

小　结

1. 方法

提升记忆效果的方法：

（1）有序输入

（2）增加线索

（3）多次提取

①复述记忆法：顺序提取和乱序提取。

②学习金字塔：引导孩子主动讲述、输出。

2. 话术

父母话术 3.5	
错误的话术 ×	**正确的话术 √**
就这十个单词， 怎么就背不下来呢！	宝贝不错啊， 这两个单词你都能背下来了。
你笨死了，两个小时了都背不下来一首古诗。	孩子，李白的这首诗，你第三句背得特别好， 而且你背的时候表情也非常好， 你就像李白一样帅气。
我都陪着你练了三天了， 你还是背不下来，换我小时候， 半小时就背完了。	宝贝，我看到你这三天都放弃自己玩的时间， 一直在努力背好这篇课文，真是辛苦了。
乘法口诀有什么难的，我跟你一起背，一会儿就能背完。	这个乘法口诀，有没有什么规律呢， 我发现乘 5 以前的你背得特别快啊。
这次期末考试你一定要考好， 再记不住老师讲的概念，你就别上学了。	宝贝，放松点，背不下来没关系， 重要的是你尽力了。
你为什么背不下来？ 好好背，认真点！	你是个认真的孩子，这首诗你明明会却背错了，原因就一个，是不熟导致的。
记忆力最重要， 什么时候都不要放松！	宝贝，你是要努力学习，但你也要注意身体。 今天就背这些，赶快睡觉吧。

3.6
孩子时间管理能力差怎么办？

一位妈妈右手紧紧拽着四年级的儿子来到我的工作室，开口就说："张老师，这孩子送给您吧，我管不了了。"

"怎么啦？"

"他实在太磨蹭了，一点时间观念都没有，我真是受够了。"

了解之后才知道，因为孩子写作业总是没有时间观念，一点作业非要搞到半夜才写得完，把这位妈妈弄得焦头烂额。

如果孩子不懂得如何管理时间、提高学习效率怎么办？

其实就是两部分：先帮助孩子**认识时间、理解时间**；然后才能合理地**规划和使用时间**。

先来说说认识时间，如果孩子从小没有养成对时间有足够敏锐的感知力，到了小学甚至是中学，即使每日计划日程表安排得满满的，也不会很好地完成，经常是做事慢慢吞吞，以为刚做半小时作业，实际上一个小时快过去了，自然各种借口、拖延就会出现。

所以我从小就刻意培养孩子认识时间、感知时间的能力，让她成为时间的主人。比如，在她三岁左右的时候，我就通过日常和她聊天的方式，教她认识时间，我们一开始就是从最简单的"上午、中午、下午、晚上"这些比较宽泛的时间开始的，女儿慢慢就有了对时间和时间顺序的大概认识。

我经常和她说："上午和奶奶出去买菜了，咱们下午又看了《海尔兄弟》动画片，晚上和妈妈一起去逛了超市……"用这种日常的交谈，慢慢提高她对时间的敏感度。

为了让孩子更细致地了解时间，我还借助一些工具，给她准备几个不同的沙漏计时器，告诉她，我们做很多事情都是有规定时限的。比如，女儿想看电视了，我就告诉她，等这个 20 分钟的沙漏漏完了才能看；刷牙的时候，我们用的是 3 分钟沙漏；写作业时则用 30 分钟的沙漏。

带女儿外出，过马路等红绿灯的时候，我就领她一起读信号灯上的秒数，这也是让孩子感受时间长短的好时机。她 5 岁生日的时候，我又送给她一个小闹钟，她便开始玩各种时间计时的游戏。比如，看 20 分钟的绘本，做 15 分钟的写数字练习……对小一点的孩子，时间对他们来说可能有些抽象，父母也可以借助时钟教具、钟表模型或有关时间的绘本，来帮助孩子认识时间、理解时间。

关于时间，我们不仅要帮助孩子认识"**物理时间**"，还要帮他们更精确地感知"**心理时间**"——我们大脑对时间流逝的感知判断。其实，我们对时间的感知会受到环境、情绪、任务难度等各种因素的影响。比如，你在学生时代肯定经历过这样的时候，遇到一个讲课很精彩的老师，跟着老师的思路，听得很投入，下课铃一响，40 分钟过去了，感觉就像刚过 10 分钟一般，这就类似于一种心流状态，这 40 分钟一会儿就过去了。又如，你去超市买东西，到收银台等着结账的时候，看见前面排了一长队的人，感觉过了 40 分钟才轮到你，实际上一看表才过了 10 分钟，可这 10 分钟真是感觉漫长无比。这就说明我们对时间的感知精确度，会随着不同的人、不同的环境、不同的情绪、不同的事件而改变，甚至产生较大程度的误判。

所以，我们从小要注意培养孩子对心理时间的敏感度，不然的话，孩子在写作业，脑子里感觉才过了 15 分钟（心理时间），实际上 30 分钟过去了（物理时间），这对他们日后考试、学习、时间规划都会带来不良影响。

怎么让孩子心理时间的判断更接近物理时间呢？很简单，你可以经常问有关时间的问题。我女儿小时候，我就经常问她，我们从家走到幼儿园要多长时间，写完 5 道数学题要多长时间，吃完一顿饭用多长时间……比如，那时候她说吃完一顿饭需要 10 分钟，我们就一起计时，其实我们吃一顿饭大概要 30 分钟。就这样，孩子对时间的感知和预判能力就越来越高了。

接下来，我再说说帮孩子提高规划和管理时间的能力的具体方法：

1. 从最简单的守时习惯开始培养

培养孩子的时间管理能力，我们可以从生活中最简单的小事开始，本着一个原则：**先改变再改善**。就是我们不奢望一次就能解决问题，先做一点点小改变就好了。比如，约好了周六 9 点和同学一起出去玩，可以让孩子提前 10 分钟出门；假设晚上 8 点半睡觉，可以提前 5 分钟上床；假期学习舞蹈，可以提早 10 分钟到教室……这会让孩子学会用主动的方式掌握时间，有计划、不慌乱地面对所有的事情，潜移默化地养成守时、不拖延的好习惯。

同时，给孩子制订时间计划，不用太详细、太严谨。有一些家长，孩子寒暑假制订的计划表，是以分钟为单位的，几点几分做什么写得清清楚楚，这种太详细的计划，容易让孩子感到压力很大，往往很难坚持下去。因为，每一天都可能有不同的情况发生：写作业有道题卡壳了耽误了一点时间，昨晚家庭聚餐导致早上起床迟了，或者孩子正看书的时候奶奶来家里了……计划永远赶不上变化，孩子在这种变化中很容易放弃，做不完表上的事情还容易产生挫败感。

孩子是人不是机器，不能做到每个环节都特别精准，没有误差。有的任务可以以周、日为单位，日计划可以用上午、中午、下午、晚上为单位。这种整段时间的划分，孩子能感到一定的弹性，也更方便调整。

2. 完成比完美重要

人的精力是有限的，时间也是有限的，尤其是对于爱追求完美的孩子，家长一定要告诉孩子：不要事事追求完美，就好比一只船，遇到危险的时候，得把不必要的东西抛弃。功课太多，实在做不了，就不要想样样都写好；考试的时候有不会的，要马上跳过去，先做会的。家长要告诉孩子：**完成比完美重要**。

我女儿一年级的时候，有一次她马上要开始写作业了，突然找不到笔了，那是她非常喜欢的粉色铅笔，她慌慌张张找了十几分钟，看到这情况，我马上跟她说："宝贝，我们写作业重要的是在规定时间内写完作业，如果因为找笔而浪费了时间，那我们今晚做游戏的时间就变少啦。"女儿听后立马随便抓了一支笔，快速写作业。第二天，我给她买了好几支粉色的笔，反正笔是迟早都要用到的，早买晚买都一样，何必再让女儿因为找笔而浪费时间呢？

3. 番茄时间法

番茄时间法是简单易行的时间管理方法，这种方法也有人叫"节奏计时"。

家长可以让孩子先选择一个要完成的任务。比如，写语文作业，先把闹钟的时间设为 25 分钟，然后让孩子专心去写，中间不做任何无关的事，直到番茄时钟响起，这就是一个番茄时间。等孩子短暂休息 5 分钟左右，再开始下一个番茄时间，每三个番茄时段之后，可以休息 15 分钟左右。

刚开始用番茄时间法的时候，可以让孩子挑喜欢的科目，这容易让孩子更专注、更有信心。25 分钟的时长，可以根据孩子的实际情况调整，要是年龄小或者自制力差一点的孩子，就先设置 15 分钟，等孩子适应了，再逐渐增加时间，休息时间也可以灵活调整。

使用番茄时间法，要注意以下几点：要在一个没有干扰的环境里学习，孩子的视线里不要出现玩具、书籍等容易分心的物品；开始之前准备好笔、橡皮、尺子、本子；提前去厕所或者喝水；一旦开始，就不能再被其他的事打断，哪怕孩子遇到不会的题，也不能提问或中断学习；中间的休息时间非常重要，一定要让孩子休息 5 分钟左右。

4. 设定期限

有时候，父母要帮助孩子制定出一个明确的时间期限，这是一种督促，也是提醒孩子要自己管理时间。我们可以平静地告诉孩子，接下来某段时间需要做些什么，看似简单，实则非常有效。比如："再玩 10 分钟就要去写作业。""20 分钟后要出门了，你自己换好衣服。""我们要在两个月内阅读完这五本书。"

至于时间期限的长短，家长要根据孩子的情况具体分析，除了像作业这种有明确时间限制的任务外，其他事情可以多留给孩子一些反应和缓冲时间。重点是让孩子知道，想完成事情就要有一定的紧迫性。

你可能会问，如果给了缓冲时间，孩子就是完不成怎么办？那就让孩子面对和接受事情的自然后果，当孩子感受到自然后果，他自然就知道调整自己了。

比如，孩子写作业之前已经与父母商量和规划好时间了，可到了时间还是没完成，这时候我们可以告诉孩子："我知道你会担心，写不完作业明天老师会说你，但是睡觉的时间到了，不能因为学习而牺牲身体健康。妈妈非常爱你，希望你有健康的身体，然后才是学习。可能你在时间管理上出了问题，没关系，明天我们一起总结一下，到底哪里没规划好，或者是执行出了什么偏差。"

让孩子感受和面对自然后果，之后他对时间就有了敬畏之心，再帮孩子总结、复盘、调整，就会顺利很多。

5. 四象限法则

这个方法非常高效，适合学习任务繁重的孩子，能帮孩子瞬间抓住做事的重点，也就是常说的 **"要事第一"**。我们可以教会孩子给事情排优先级，把所有任务按照重要和紧急两个维度进行划分，分成重要且紧急、重要不紧急、紧急不重要、不紧急不重要四类任务。

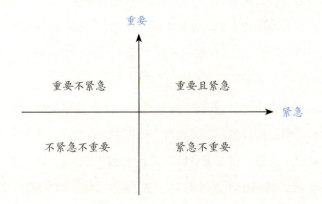

第一象限里的事就像救火队员救火一样，发现火情就要立刻解决。比如，孩子明天早上就要交的作业、明天上午就要考英语，这就需要孩子马上行动起来，写作业、复习。

可是，平时哪有这么多火要救，救火队员平时更多的时候都在干什么呢？他们去商场、居民楼，检查每个地方的防火设施，这个商场有没有防火通道，那个超市配备灭火器了没有。这些属于重要但不紧急的事，常做这种检查，就没有那么多的火要救了。孩子的预习、阅读、及时复习和模拟考试就跟救火队员的日常检查一样，重要但不紧急。正因为这些事重要不紧急，孩子们往往就把它们往后排，结果这些重要不紧急的事，最后就会变成重要且非常紧急的事。

意思就是说，孩子如果第二象限的日常学习行为做得不好，就会导致第一象限里重要又紧急的事情越来越多、应接不暇。因此，只有平常多做"检查"，才能减少紧急"救火"。父母应该教孩子像救火队员一样，把时间合理地花在第二象限，把重要的事早早解决掉。

第三象限里是不紧急也不重要的事。比如，我们会随时随地、没有目的地刷手机，一刷就停不下来；孩子每天都会迷恋打游戏；或者天天看没有任何意义的动画片，看个没完没了……面对这些情况，我们家长要以身作则，引导孩子，主动戒掉"不紧急也不重要"的事，拒绝大部分"紧急但不重要"的事，让孩子可以把大部分时间花在"重要但不紧急"的事上。最后，把我们的焦虑之源——"重要且紧急"的事情，减少到20%以内，成为时间的主人。

第四象限里紧急但不重要的事都有什么呢？这主要是一些消耗我们的事。比如，今晚8点半电视要播你正在追的电视剧第九集；孩子接到小伙伴的消息，说一会儿就要和他一起到楼下踢球；或者孩子临时接到同学的生日宴会邀请……这时候，要教会孩子，判断这些事对自己的真正意义，并敢于拒绝，大胆说"不"。

我们要带着孩子思考：为什么没时间做第二象限的事，就因为第三、四象限的事我们做得太多了。

四象限法则简单明了、逻辑清晰，非常适合家长引导孩子自己来完成。通过一定时间的练习，孩子就会逐步知道自己该把主要精力放在哪里，往哪个方向使劲，就能形成明晰的目标感。

孩子一旦养成这些习惯，慢慢地，他就会发现，他管理的不是时间，他管理的其实是自己。

最后，我们要如何说，才能提高孩子的时间管理能力呢？

有一个原则极为重要——**"放弃催促"**。

有个现象很有意思，大部分拖拉磨蹭的孩子，都有一个急性子妈妈。比如，早上孩子上学前，家长总是东一句、西一句催促孩子穿衣服、背书包，又担心孩子的东西少带了没有，总是不断再三确认。这时候，孩子就会感受到父母的紧张和焦虑，同时会感觉自己很无能，慢慢变得没信心，也可能会激起孩子"你越催我越慢"的消极抵抗心理。

我们催孩子的时候，最常说的一句话就是："抓紧时间！"可是我们发现，说得越多，越没有用。因为这个指令看似明确，其实一点都不清楚：什么叫抓紧？抓紧什么？如何抓紧？这些都是模糊不清的，也是不明确的。

如果让孩子自觉地做一件事，最重要的就是帮他们找回成就感、自信心，而催促是在慢慢地破坏孩子的主动性。

关于时间管理，我们父母不要这么说：

你就是懒，都几点了，还不起床！

快点写作业，我就看不了你磨磨蹭蹭的样子。

你就这么慢吞吞地写吧，写不完作业就别睡觉！

数学作业怎么写了这么长时间？

这样的话，实际上就是在标注孩子当下的不好行为，把这种行为给"放大"了。心理学上有个"确认放大"原理，在亲子沟通中，确认什么就会放大什么，正面的会被放大，负面的同样也会被放大。

这时候，我们要清楚一点：孩子是不可能一直表现好、一直能力强、一直掌控时间的，即使是学霸，他的学习也会由于各种各样的原因，有起伏、松懈的时候，我们不可能一直电量满满地前行。

既然这样，我们应该怎么说呢？

我们可以这么做：

把：你就是懒，都几点了，还不起床！

改成：宝贝，昨天是不是学习太晚了，休息得不好啊？

把：快点写作业，我就看不了你磨磨蹭蹭的样子。

改成：我看到你都连续写了一小时了，咱们休息一会儿吧，吃个水果。

把：你就这么慢吞吞地写吧，写不完作业就别睡觉！

改成：孩子，你放心，我会永远支持你，但是我们现在该休息了。

把：数学作业怎么写了这么长时间？

改成：宝贝，真不容易，今天数学这么难，我看到你又进步了，我很高兴。

这些话的主要目的是先缓解孩子因为懈怠行为而产生的压力，意思就是，我们首先要理解孩子，知道他们忽视时间管理不是故意的，谁也不可能天生愿意当"不守时的坏孩子"。先卸掉孩子的心理压力，这是第一步。也就是说，如果孩子不能马上做到改变，我们可以先改善。如果确实是时间管理能力导致的，我们可以按照之前的方法，系统地培养他的时间管理能力。父母能做的就是，让孩子像一棵小树一样有序地成长，去经历春夏秋冬、一年四季的洗礼，好的、不好的，顺境、逆境，都去体验和经历。因为能力只有在遇到问题和困难的时候，才会生发和成长。

另外，家长要引导孩子**合理休息**。

如果你问孩子："你会休息吗？"可能很多孩子都会说："会。"

如果孩子所说的休息就是玩一天游戏、熬夜看电视、睡懒觉，把休息的时间都贡献给短视频、动画片和游戏，那么不仅**丝毫**没有充满电一般的饱满精神，反而更浑浑噩噩、无精打采，这就是典型的"把休息当成了放纵"，虽然身体在休息，精神却沉迷于无节制的感官刺激中，让自己越来越疲倦。所以，要想休息好，就要避免单一的休息方式，比如天天躺在床上睡觉，天天玩手机等，而要帮孩子开展更丰富的活动，出门散散步、和同学去逛书店、去体育馆运动一下等。

还有一点要提醒你：随着孩子越来越大，你会发现，他跟你越来越像。如果家里总有一个不认真的马大哈，就别指望孩子做事效率高。如果我们自己生活无计划，想到一出是一出，就别指望孩子能有良好的时间管理习惯。所以，抓孩子的时间管理之前，我们家长要先抓好自己的习惯。我们只有先做好自己，才能给孩子树立好榜样，因为在潜移默化中，孩子就会懂得：**你对待时间的样子，就是你未来的样子。**

小　结

1. 方法

（1）**认识时间、理解时间**

（2）**学会合理地规划和使用时间**

①从最简单的守时习惯开始培养。

②完成比完美重要。

③番茄时间法。

④设定期限。

⑤四象限法则。

2. 话术

父母话术 3.6	
错误的话术 ×	**正确的话术 √**
抓紧时间！	5 分钟后就要出门啦，你准备好了吗？
你就是懒，都几点了，还不起床！	宝贝，昨天是不是学习太晚了，休息得不好啊？
快点写作业，我就看不了你磨磨蹭蹭的样子。	我看到你都连续写了一小时了，咱们休息一会儿吧，吃个水果。
你就这么慢吞吞地写吧，写不完作业就别睡觉！	孩子，你放心，我会永远支持你，但是我们现在该休息了。
数学作业怎么写了这么长时间？	宝贝，真不容易，今天数学这么难，我看到你又进步了，我很高兴。
你怎么回家这么晚，不看时间吗？	孩子，你放学之后这么晚回家，我特别担心你的安全。
你就是这样学习的吗？拖拖拉拉的，一点计划都没有！	我工作忙，学习上的事情一直都是你自己安排，有什么需要我帮忙的吗？

3.7
孩子做题老出错怎么办?

"爸爸，我上星期考试，做过的题又错了，怎么办啊？"女儿上三年级的时候，经常问我这样的问题。我决定给女儿放个"大招"——**整理错题本**。

这么多年下来，我接触了很多学习效率高、考试成绩又好的学霸，发现了一个现象：他们都经常使用错题本。

心理学家马努·卡普尔就提出过"有效失败"的概念，他根据目标完成度和收获经验两个维度，分成了有效成功、无效成功、有效失败和无效失败四个概念。他的研究表明，孩子建立"有效失败"思维模式，会更有改变行动的意愿，并相信自己可以从错误中成长。

错题就是孩子建立自己"有效失败"模型的学习资源，如果孩子能整理、总结好自己做错的题，将更容易实现学习的进步和突破。

这和斯坦福大学的心理学家卡罗尔·德韦克提出的成长型思维不谋而合。面对错误和失败，有的孩子能欣然接受，能把错误变成成长的动力，而有的孩子则可能郁闷、发脾气、逃避，觉得自己能力不够、自暴自弃。这样截然不同的表现都源于孩子不同的思维模式。拥有成长型思维的孩子会认为努力比天赋更重要，在遇到困难和挑战时会更乐观积极，相信通过自己的不懈努力，能够克服困难，最终走向成功。比如，老师出了一道很难的数学题，有的孩子会说好难、不会做，马上会失去尝试的勇气；成长型思维的孩子，会把困难当作一项挑战，竭尽全力做到最好。整理错题就可以帮助孩子建立成长型思维，更有深度和高效地学习。

当女儿又跟我说她做错题的时候，我反而高兴地对她说："太好啦！宝贝，你现在遇到了一个难题，证明你又要进步了！因为，成功不一定能让我们再次成功，但失败一定能帮我们得到一个新的经验。这样吧，我们一起把这些宝贵的经验整理出来，等到期末，复习肯定更方便，进步也会更大。"然后，我就开始和女儿一起讨论怎么做错题本。我们在一个空白的本子上用笔画出错题本的版块，虽然简陋，却高效有用。

下面就是我们制作的活页错题本样式：

错题本	
错题编号_____	错题记录时间_____ 错题次数 1□ 2□ 3□ 4□ 5□ 完全搞定□
错题记录（可粘贴）	**错题来源**
	日常练习 □ 日常作业 □ 日常测试 □ 大考 □ 其他 □

续表

错题本	
	原因分析
	粗心大意 □ 审题错误 □ 知识漏洞 □ 其他原因 □
	知识总结

正确解题思路 / 答案

重要提醒：

写给自己的话：

　　上面这几项，就是错题本的全部详细内容。为什么要设计这几项内容呢？因为孩子做错题，无非就是以下这些原因：对知识点的理解、记忆错误。比如，孩子上课的时候没听仔细，没有听明白，基础概念不清晰，按照自己的方式去理解；孩子学到的知识里面，有些知识点非常相似，孩子容易混淆；答题方式不符合规范，在读题的时候，理解错了题意，或者考试时间非常紧张，孩子就会忙中出错；粗心马虎，这是孩子最常见的错题原因，其实马虎只是一个很笼统的原因，要解决它，就要分析孩子马虎背后的具体原因：是审题错误？漏看或错看了题目的条件？还是题目有陷阱，孩子根本没有发觉？是心算、计算错误？或者是在草纸上写对了，在答题卡上涂写、抄写错误了……

　　为了让女儿系统地用好错题本，我还告诉她整理错题本的两个核心：**设置特定目标和及时反馈总结。**

　　不是所有错题都要写在错题本上，比如写语文作业的时候，孩子写错了几个字。我们不能漫无目的地让他一直去抄写这些错字，而是需要制定一个小目标，比如，找出"错过三次以上的字"记在错题本上，这就是一个特定目标，这样孩子在执行的时候，效率会更高。及时地总结回顾，就会让孩子知道总结错题的效果怎么样，需不需要做出调整，还有哪些可以改进的地方。

　　我就是按照这两个核心来引导女儿的。在一个周六的晚上，我和女儿围在餐桌前一起查找，先是在容易做错的三道题当中找出了一道题（孩子觉得很简单，没难度，容易执行），写好了日期，记在了错题本上。女儿开始逐个地填写错题本上的每一项，她当时根本不知道这些项的意思。我就让女儿尝试着用她自己的语言，把我当成学生，把题给我讲一遍。其实，第一次讲解，她讲错了，但我没有纠正孩子。然后，我们就睡觉了。我当时的目的，只是想让她学会怎么制作、使用错题本，并加深对这道错题的深刻印象。

后来，在一步一步的实践中，我和女儿把错题本的使用策略梳理了出来。

1. 有选择性地记录错题

当她有一科出现错题时，我们就用一个本子记录下来，不同科目用不同颜色封皮的本子，方便期末做分析和总结。

我们不是把所有的错题都记在错题本上，而是有选择地抄写、记录。有时候为了给孩子节约时间，甚至把错题直接撕下来，贴在错题本上。在这过程中，不是只写每道题的解答过程，而是多引导孩子去思考，当时怎么错的，总结的心得是什么，都要让孩子像写日记那样写上去。这样大概一个月后，她渐渐体会到错题本带来的好处，慢慢地，她开始主动归纳错题，没了刚开始的畏难情绪了。

还有就是，为了减少孩子的工作量，我们也可以借助一些工具，比如用错题打印机能快速打印出某一道错题，然后通过手机还能看到有关这道题的解析，也可以把错题的解析打出来，让孩子彻底把这道题目弄懂，回归这个知识点中，点对点高效地搞懂它。

2. 整理重点并吸收

错题本不仅可以用来整理孩子的错题，还可以用作汇总学科的重要知识点。有时候老师在课堂上讲的知识点，孩子听懂了，自己觉得有一种醍醐灌顶的收获，也可以在下课的时候，把这个知识点整理一下，把相关题型整理出来，写几个思路，记记自己的心得。比如数学，孩子可以把老师说的易错点、公式、解题思路等都整理出来。孩子会感觉到错题本是一个宝库,把不会的都吸收进来,然后就能完全变成自己的知识了。

3. 使用活页错题本,随时翻阅

可以给孩子使用活页的错题本,这样很方便孩子随时调整和修改。我当时给女儿用的错题本就是笔记本,一页页地翻,用起来就很麻烦。活页的错题本就非常方便,它可以拆开用。经过一段时间的整理,孩子把错题本检查几遍之后,如果已经弄会了那些旧题目,就可以打开错题本把它们都挑出去,另外保存起来。这就可以保证最后留在错题本中的,都是最新的错误,或者对孩子来说的典型错误。

随时翻看错题本非常重要,有好多孩子发现自己总是做错题,当时也记在错题本上了,可下次遇到还是错。有时候孩子会以为,把错题记在本子上,就算完成任务了,时间一长,就忘记了。这时候,家长要及时提醒、帮助孩子养成随时翻阅错题本的习惯,让错题本发挥真正的作用。

查看错题本的时间是有讲究的,我一般会告诉女儿,大概隔三天或者一个星期,再回去翻阅错题本,直到孩子对错题完全理解了,思路也清晰了。如果孩子能用自己的语言详细地讲给你听,就可以在错题的旁边做个小小的标记,提示自己,以后不用再去重复看这道题了,这才是翻阅错题本的目的。

4. 阶段性地总结

作为父母，首先要搞清楚整理错题一定不是目的，所以不要为了完成这个任务而让孩子去整理。整理之后，还要学会总结，利用好这些错题。

一星期一小结：先把记录下来的错题看一遍，在完全弄懂保证以后不会错的题目前打个"√"，在不完全明白有可能再错的题前打个"？"，在一直没弄懂的题前打个"×"。

一个月一总结：先把每周总结出来打"？"的题，想办法彻底解决、弄懂，可以请老师或同学帮忙。再把打"×"的题抄下来，如果有一点新发现，就在旁边打"？"，如果能解决掉，就打"√"。

一学期一总结：在期末考试前半个月完成，首先把一个月总结的问号题（打"？"的）整理出来，把它搞懂、消灭掉，再把星期小结和月总结的问号题（打"？"的）、错号题（打"×"的），不管有没有消灭掉，都从头思考一遍，想想自己是怎么学会的，从里面找到大概20%的好题，再做一遍。

最后，把一学期一总结的成果整理到另一个精华本上，每学期用一个错题精华本。精华本不用一个学科一本，只要分类汇总到一本上就可以了，小学总共是12本，初中是6本，高中也是6本。养成了这个习惯，孩子以后的总复习就会变得很容易。

下面，我们来说说，要提高孩子使用错题本的自学能力，我们怎么跟孩子说？

很多家长在发现孩子经常做错题之后，就会无意识地使用**谴责**和**侮辱**的沟通方式。

谴责： 我和你说过多少次了！别错题别错题，你就是不改！

侮辱： 你看看自己的样子，就像个窝囊废，你学习都学不好，还能干点啥？

有些家长还这样说：

看看你笨的，英语考 56 分！你能考上中学吗？别学了！

一到考试前就找不到错题本，你打游戏怎么记性那么好啊！

我怎么生了你这么个没用的东西？天天错题，不是错数学就是错语文。

跟你爸一样啥都干不了，做错题了还一堆大道理，你算是改不好了。

上面的话，都带有谴责和侮辱的性质，很多家长却把这样的语言用在跟孩子的沟通上。父母这样的侮辱和谴责，实际上表达了不信任、指责，甚至带有很大的敌意。这种情绪会迅速感染心智还不成熟的孩子，让孩子也变得负面情绪爆棚，当他不能把自己的情绪表达、释放出来，他就会进而讨厌学习、讨厌父母，甚至讨厌自己。

如果孩子一直处在这种负面情绪下，别说是学习了，甚至连基本的安全感都没有，时时刻刻恐慌、焦虑、畏难。

所以，父母可以这么做：

把：看看你笨的，英语考 56 分！你能考上中学吗？别学了！

改成：你这么讨厌英语，平时也没学，都还能考 56 分，要是你认真起来，那就不得了了。

把：一到考试前就找不到错题本，你打游戏怎么记性那么好啊！

改成：儿子，放松一点，找不到错题本也没关系，不就是一次比赛嘛。

把：我怎么生了你这么个没用的东西？天天错题，不是错数学就是错语文。

改成：学习就是这样啊，总会有新的问题等着我们去打败它，这表示你就要成功了。

把：跟你爸一样啥都干不了，做错题了还一堆大道理，你算是改不好了。

改成：错题本是学习神器啊，它就是你自己的书，独一无二的，没有人的错题本和你的一模一样。

上面改过之后的父母话术，实际上表达的是，父母可以给孩子更多的信任和鼓励，避免孩子紧张和压抑，从而保持一个轻松的心情去解决这个错题本的问题。

家长应该知道，提升孩子的自我效能感非常重要，而自我效能感的形成跟我们与孩子的沟通方式很有关系。跟你分享一个非常重要的数字：5∶1。心理学实验有个有趣的比例：5∶1。家长给孩子5次正面的评价、1次负面的评价，才是孩子比较能接受的比例。是不是有一种出乎意料的感觉？请你仔细想一想，我们是不是正好做反了。

最后，还有两点要提醒你。

（1）不要把目标当策略

关于错题本的使用，我们的目标是改正孩子的易错题，我们的策略是认真使用好错题本，完成每一项具体内容，帮助孩子深入解决错题，提高他的学习能力，这是方向一致却又不完全相同的两回事。孩子有了目标，家长就一定要问问自己：做什么可以帮助孩子完成这个目标，要告诉孩子：少关注目标，多执行策略。

（2）不要把计划当行动

很多孩子在学习上做了计划，就认为自己开始行动了。其实，我们应该让孩子在执行前思考几个问题：怎么找出学习中的障碍？解决具体问题的方案是什么？方案能不能系统和连续地一直使用？

通俗地说，策略就是有一个方法可以保证把目标完成。孩子必须知道自己的策略是什么，如果现在应用的这个策略出了问题，就要引导他及时去调整。

小　结

1.方法

（1）整理错题本的两个核心

设置特定目标和及时反馈总结

（2）错题本的使用策略

①有选择性地记录错题。

②整理重点并吸收。

③使用活页错题本，随时翻阅。

④阶段性地总结。

2. 话术

父母话术 3.7	
错误的话术 ×	**正确的话术 √**
看看你笨的，英语考 56 分！你能考上中学吗？别学了！	你这么讨厌英语，平时也没学，都还能考 56 分，要是你认真起来，那就不得了了。
一到考试前就找不到错题本，你打游戏怎么记性那么好啊！	儿子，放松一点，找不到错题本也没关系，不就是一次比赛嘛。
我怎么生了你这么个没用的东西？天天错题，不是错数学就是错语文。	学习就是这样啊，总会有新的问题等着我们去打败它，这表示你就要成功了。
跟你爸一样啥都干不了，做错题了还一堆大道理，你算是改不好了。	错题本是学习神器啊，它就是你自己的书，独一无二的，没有人的错题本和你的一模一样。
你去看看，哪个同学没有错题本？就你写完错题本也不看，写了还有什么用？	宝贝，学习习惯是个需要先明确目标，再彻底执行的过程。你只是还没有形成习惯而已，别着急，慢慢来。
你都五年级了，怎么还不会用错题本？上学都学什么了？	我小时候上学就靠死记硬背，一点学习方法都没有，所以学习非常吃力。
赶快写，把错的这五道题都抄在错题本上，一个都不能少！	孩子，你先分析一下，这几道题哪一道难度大，可以先把那道题整理到错题本上。

3.8
考试后不会归纳总结怎么办？

"爸爸，今天星期六了，你不是说要教我一个学习秘诀吗？我们现在就开始吧！"已经上六年级的女儿追着问我，一边说一边硬把我拉到了学习桌前。"好吧，我们一起研究一下这个学习秘诀吧。"就在那个下午，我们花了整整两个小时研究这个学习秘诀。

对孩子来说，到底什么是学习秘诀呢？就是归纳总结能力。几乎大部分的小学生和中学生都不会归纳总结，很多孩子都是到高中才会归纳总结的。所以，归纳总结的能力被很多孩子和家长忽略了。

做好归纳总结，就是帮孩子解决学习上的三大主要问题：**是什么？为什么？做什么？**

"是什么"就是通过对一个或几个科目的归纳总结，让孩子找出存在的问题具体是什么。

"为什么"就是孩子对自己学习上出现的具体错误、问题进行分析和整理，尽量做到"实事求是、准确无误"。

"做什么"就是孩子已经找出了问题是什么、为什么，接下来根据前两个问题，做一个学习计划，借助执行这个计划，孩子就能举一反三，把和这些问题相关的知识点联系起来，为以后的学习打下一个好基础，让这个计划成为进步的台阶。

归纳总结具体怎么做？可以从一张试卷开始，因为，每一次考试都是孩子进步的机会。家长要告诉孩子：对于考试，咱们要的不是成绩，而是提高成绩的机会。

很多孩子和家长把考试当成结果、当成挑战，而很少有孩子和家长把考试当成机会，其实考试帮孩子完成了学习当中最重要的一环——反馈。

我们怎么利用好这个反馈来帮孩子提高呢？这就是要解决是什么、为什么、做什么。

如何进行归纳总结，我们可以教孩子从下面三个维度来切入：

按科目分类。这是最常见、最基本的归纳总结方法。意思就是把孩子每个科目的试卷分别进行整理，看看孩子在哪些科目上表现好，哪些科目需要去加强。这种方法特别适用于需要全面了解孩子学习情况的家长。

例如，你的孩子每次考试一共考三科：语文、数学、英语。我们可以和孩子一起，把近阶段所有的语文试卷整理在一起，所有的数学试卷整理在一起，英语的也是这样。接着，可以让孩子看看，在每门科目上的具体得分情况，哪一科得分高，哪一科得分偏低。假如，孩子的语文得了 98 分，数学得了 93 分，可是英语只得了 85 分，我们用这个方法，就能够看出来，孩子数学和英语的分数相对比较低。

按知识点分类。将试卷中的各个知识点整理出来，看看孩子哪些知识点掌握得比较好，哪些知识点需要加强，这个方法，特别适用于需要有针对性地帮助孩子制订未来学习计划的家长。

比如，孩子的数学试卷里有负数、百分数、圆柱和圆锥等知识点。我们可以将所有知识点整理在一起，然后以此类推。家长可以看看孩子在每个知识点上的得分情况，哪些知识点得分高，哪些知识点得分比较低。

按题型分类。这是一种更加具体的归纳总结方法，就是要把试卷中的各种题型整理出来，看看孩子在哪些题型上表现好，哪些题型上需要加强。这个分类方法，特别适用于需要给孩子制订更加具体的学习计划的家长。

比如，孩子的数学试卷上有填空题、选择题、计算题等题型，家长就可以指导孩子，把所有的填空题整理在一起，所有的选择题整理在一起，再以此类推，都整理好。最后，看看孩子在每个题型上的得分情况。

在整个归纳总结的过程中，家长可以和孩子一起讨论，了解孩子的学习情况和学习态度，帮助孩子找到适合自己的学习方法。

解决完了"是什么"的问题，就要进入第二步——**"为什么"**。也就是孩子要分析出来，为什么会出现这样的错误？这时候一定要转化思维，要多去想想：这道题为什么扣分了？我是因为什么错的？

大部分孩子都习惯于只看分数的高低，我们一定要养成一个归纳总结的习惯：就是不要只看自己的分数，而要查原因，要注意自己具体在这张试卷上出现的问题。比如，自己错题的原因和同学的一样吗？为什么同学都错了，自己没有错？或者是，为什么就自己错了，而其他同学都对了？

我们也可以按照下面的两个方向来思考：

1. 基础知识不牢

在数学学习中，基础知识非常重要。有个找我咨询的家长，儿子上六年级了，因为在前几年的数学学习中，没有好好掌握基础知识，所以数学学习面临各种各样的困难。本来，六年级的学生需要熟练掌握加、减、乘、除四则运算，因为他没掌握好这些基础知识，导致在运算上频繁出错。比如，简单的 $30 \div 6$，他也会算错，就是这样的错误，影响了他数学的考试成绩。

2. 解题思路不清晰

解题思路，是非常关键的。如果六年级学生的解题思路不清晰，就会在解题时迷失方向，浪费时间，影响整个考试。如果孩子在数学考试中遇到一道难题，都不知道该如何下手，这就需要在归纳总结之后好好抓一抓概念、公式和解题思路了。

下面就要解决第三个**"做什么"**的问题了，这一步非常简单，知道"是什么"和"为什么"，孩子自然而然就懂得未来要"做什么"。

归纳总结了之后，孩子就应该做出计划和执行。如何实施这些制订好的练习计划？什么时间做？做多长时间？内容和数量上怎么安排？做到什么程度……家长可以帮孩子一起思考和讨论上面的这些问题。这部分的练习内容，孩子要具体实施到每周和每天。

有些孩子在学习上很容易"积懒成笨"，也就是严重缺乏练习，导致学习困难。孩子在数学的学习中，练习是非常重要的一项内容。如果六年级学生缺乏练习，就会在考试中遇到各种困难，只有进行全方位的练习才能提升。比如，孩子每天加强加、减、乘、除的四则运算练习；每天抽出半小时，做基本概念、公式和定理的专项练习；每天利用 10 分钟的时间，只练习解题思路，孩子在解题时，可以通过分析题目、列式子、找规律等，找到解决问题的方法。为了节省时间，孩子可以只练习解题思路，不进行结果计算，这样就能快速地使他的数学思维达到从"具象思维"到"形象思维"最后到"抽象思维"的提升。

孩子能做到每次考完试，自己拿着试卷做好详尽的归纳总结，解决"是什么""为什么""做什么"的问题，就会掌握更多的知识点，提高学习效率，在以后考出更好的成绩。

我们父母应该用什么样的语言和孩子沟通，孩子才会愿意积极主动地归纳总结呢？

家长一定不要说出下述这些话：

抱怨：你总是这样，光学习不总结，我真是受够了。

如果父母在日常的亲子沟通里总是不停地抱怨孩子，不尊重孩子内心的想法，就会让孩子感到无法沟通，甚至不想沟通。

家长可以这样说：

宝贝，我们一起看一下你的数学卷子，看看你什么地方做得不错，什么地方需要加强。

这样对孩子说话，会让孩子觉得你是在帮助他找到自己的优点和缺点，孩子就会更加愿意听取你的建议。

批评：你做错了，你应该只总结这张卷子的题型，不要去看分数。

家长指责孩子的过错，不考虑孩子的感受，就容易让孩子在心里产生敌对情绪，尤其是大一点的孩子，更不喜欢父母直截了当地批评。

家长可以这样说：

你觉得，这张数学卷子你在哪些方面做得不错？这些又是怎么做到的呢？

父母这样说话，就可以让孩子从自己的经验中，总结出适合他的成功方法，让孩子感觉到自己的成就和价值。

威胁：如果你不总结自己的卷子，以后就不要再考试了，考了也没有用。

家长使用威胁和强制的语气，会让幼小的孩子感到恐惧和压力。孩子一旦有了恐惧的心理、压抑的情绪，沟通自然也就没办法正常地进行了。

父母可以这样说：

孩子，我们来一起想一想，如果想在下次考试中表现得更好，应该怎么做呢？

这样的话可以让孩子参与到解决问题的过程中，给孩子参与感，也容易让孩子自己想出解决问题的办法。

忽视： 我不想听你的想法，你就按照我说的做，先整理英语卷子。

这种忽视的方式，根本就不重视孩子自己的意见，也不关心他的感受，这会让孩子感到被忽视和不被尊重。

父母可以这样说：

来，宝贝，我们一起制订一个计划，让你更有针对性地总结和练习。

这种话术可以让孩子觉得自己被重视，让孩子参与到解决问题的过程中，从而更加愿意执行自己制订的学习计划。

隐瞒： 没什么，我一点也不担心你的考试总结。

家长如果总是隐藏自己的真实想法和情感，不诚实地与孩子沟通，导致孩子无法真正理解自己，他可能以后也会学着你的样子不实话实说。

家长可以这样说：

宝贝，你觉得学习怎样可以变得更有趣呢？我们一起找个有趣的学习方法，让自己轻松一点吧。

父母的这种话术，可以让孩子从不同的角度看待自己的学习思路，从而找到适合自己的学习方法，这样也可以发展孩子的多角度思维能力，懂得变通。总之，家长可以使用积极的语言，引导孩子在学习上进行各个阶段的归纳总结，从而让孩子更加有动力和自信地继续学习和提高。

再跟你分享一个我的小秘密，每一次跟女儿沟通的结尾，我都会尽量去创造一个"**峰终体验**"。

峰终定律是 2002 年诺贝尔经济学奖获奖者、心理学家丹尼尔·卡尼曼提出来的，他通过研究发现，人的体验记忆是由两个关键因素决定的：第一个是体验最高峰的时候（**峰值**），无论是正向的还是负向的；第二个是结尾时的感受（**终值**），这就是著名的峰终定律（Peak-End Rule），是我们大脑潜意识总结体验的特点。

我们体验了一个事物之后，能记住的只是在高峰与结尾时的体验，这两个点也就是所谓的"心动时刻"，而过程中好和不好体验的比例、时间长短，对记忆几乎没有太大影响。不管你体验什么项目，也不管你体验的时间多长，或者是中间经历了什么好的、坏的事情，最后只要有一个点让你足够满意，那么你最终对这个项目的体验印象，就是满意和开心的。

我们举个例子：你去一家饭店吃饭，菜的口味很不错，服务也很周到。结账时，你想要老板给你优惠，老板说："我们明码标价，一分钱都不能少。"你又想开发票，老板却说："要到下周二才能给你开。"此时此刻，你这一次的用餐体验是好还是坏呢？

什么样的情况，会给我们很好的体验感呢？请你想一想，有一家很有名的餐饮企业，它非常擅长给顾客创造这种峰值体验：提供小零食、免费美甲、免费擦鞋，提供消毒热毛巾，提供皮筋，提供手机防水袋，等等。还有一家咖啡店，它一定要在纸杯上手写出顾客的姓氏来，目的就是让顾客觉得被尊重了，体验感超好。又如，一个卖家具的大型商场，会在商场的出口处，卖一块钱一个、口感超好的冰激凌，即使你在里面逛了五个小时，什么都没买，你也会因为最后的这个冰激凌而开开心心地离开，忽略了自己的脚有多酸痛……

所以，咱们得出了一个结论：如果用餐体验（峰值）都一样，能不能有一个更好的体验，取决于一场体验的结束时刻是什么样的。

家长可以在孩子的生活、学习这两大场景中，为孩子创造尽量多的峰值感受，每天的学习也请在温馨的氛围中结束，最好是在孩子状态好的时候停止，给孩子美好的"峰值"和"终值"体验，孩子就会对学习有更好的感受。

我每次都是在和女儿沟通的结尾，给我们的这场体验创造一个小小的"心动时刻"：可以是一个拥抱、拍拍肩膀、摸摸头、一个坚定支持的眼神，也可以是一段认可的话语、一句鼓励，或者是一个美好的远景……

总之，这场沟通的目的就是要让我们和孩子都是祥和的、感动的、开心的、愉悦的。

在这本书的结尾，我也为你准备了一个"心动时刻"，希望你喜欢。

关于学习的归纳总结，它就是一种智慧的体现。一个人学习的智慧，三分靠天赐，七分靠自己。这里的七分，很大程度上源于归纳总结。孩子的学习不可能一帆风顺，他只有不断地在学习中总结，才能把有益的东西积累起来，然后融会贯通，形成强大的学习能力和智力体系。

总结的力量是巨大的，它让人们的认识得到提高，让精神得到升华，让人不再重复相同的错误，让人生前进一大步。即使我们的孩子智商一般、能力不强，如果孩子能学会总结知识，知道吸取教训、积累经验，他也会成为一个善于学习、不断进步的人。

小　结

1. 方法

做好归纳总结，就是帮孩子解决这三大主要问题：

（1）是什么？

①按科目分类。

②按知识点分类。

③按题型分类。

（2）为什么？

（3）做什么？

增加练习

2. 话术

峰终体验

父母话术 3.8	
错误的话术 ×	**正确的话术 √**
你总是这样，光学习不总结，我真是受够了。	宝贝，我们一起看一下你的数学卷子，看看你什么地方做得不错，什么地方需要加强。
你做错了，你应该只总结这张卷子的题型，不要去看分数。	你觉得，这张数学卷子你在哪些方面做得不错？这些又是怎么做到的呢？
我不想听你的想法，你就按照我说的做，先整理英语卷子。	来，宝贝，我们一起制订一个计划，让你更有针对性地总结和练习。
你真的确定只做口算题是对的吗？你觉得是这样做还是那样做好？	我们来看看这张数学卷子里的题型，看看有哪些题型还可以进步。
没什么，我一点也不担心你的考试总结。	宝贝，你觉得学习怎样可以变得更有趣呢？我们一起找个有趣的学习方法，让自己轻松一点吧。
你看看，我就说吧，你越学越差的原因就是不会总结，学完就忘。	孩子，我发现英语这学期的单词量很大，你希望妈妈怎么帮你呢？
不用总结语文了，考了98分还总结什么，去看数学吧。	这次语文成绩考得非常好，你觉得跟上一次语文考试比，在什么地方进步了？

后记：送给孩子一生的礼物

恭喜你，能看到这里！

当下这个时代，已经很少有人能细致认真地读完一本书了。你作为一个孩子家长、一个成年人，能把一本书看到结尾，单就这一点，已经超越了大多数的父母。你也可以把读这本书的体验、感受和心得向孩子炫耀，因为，你是一位非常有学习意愿的家长，也是有强烈教育意识的家长。你值得炫耀！

家庭是永不放假的学校，父母是永不退休的老师。教育孩子，是我们每个家长的重任。我们都希望全力以赴、努力地做到：修行自己，成就孩子。

这本书的目标是帮大家调整孩子的学习态度，引导孩子的学习行为，提升孩子的学习能力。我作为一个大学生的家长，有必要以一个过来人的身份提醒你：家庭教育不只是教会孩子爱学习、会学习、能学习，还有比学习更重要的事，那就是孩子的身心健康和一生的幸福。

所以，我把女儿七个月大时，我写给她的一封信送给你，希望对你有所启发。

祝好！

写给女儿

亲爱的女儿，你已经七个月大了，从你呱呱坠地直到现在，我的心一直悸动着：因为你的容貌、智慧和与众不同。

现在，我要介绍几位朋友给你，"他们"和我一样，是永远关爱和支持你的人，即使你现在还不太了解"他们"。等到你真正认识了"他们"，相信你的生命也会有所不同。

第一位是"爱"。你要学会爱身边的一切事物，哪怕是一片小小的、枯黄的树叶。爱的力量是无比巨大的。

嘴巴弯弯的这位是"微笑"。要用真诚的微笑来面对人生的每一时每一刻，还有每一人每一物。

还有一位是"勇敢"。等你学会在任何苦难、孤独、哀怨面前，勇敢地站立，你的世界将会是最美的。

忽隐忽现的是"时间"。不要试图虚度光阴，只要失去了就永远不会回来。小心！时间在你面前悄悄地溜走了。

另一位是"宽容"。我的女儿，任何事物不可能都如你所愿，多多宽容，你的心就可以放下整个宇宙。

这位叫"自信"。相信你自己，在这个世界上，你永远是独一无二的。

精神抖擞的是"身心健康"。拥有了身心的健康，你才会知道：人生是怎样地幸福。

最富有的这位叫作"付出"。不要想回报，慢慢地，你就是世间最最富有的人。

还有一位叫作"马上行动"。女儿，做什么事情都千万不要犹豫，既然决定了，就马上行动吧。

下一位叫作"坚持"。努力去做，你永远会得到我最最坚定的支持。只要你能坚持，什么都难不倒你。

另一位是"思考"。遇到问题时，问问自己：问题是什么？有几种解决方法？哪种最好？

最后一位是"活在当下"。不是过去，也不是未来。

好了，相信你会和你的这些朋友一起慢慢长大，你也会因为"他们"，拥有一个多彩的人生。

爱你的父亲：张凯

2005 年 2 月 8 日（除夕）